La justice redistributive

La fonction sociale

Selon Saint Thomas d'Aquin.

Richard Alain Marsaud de Labouygue

LA JUSTICE REDISTRIBUTIVE
La fonction sociale
Selon SAINT THOMAS d'AQUIN.

Préface de Monsieur l'Abbé François-Marie Chautard

L'Harmattan

Logiques Juridiques

Fondée par Gérard Marcou

Dirigée par Jean-Claude Némery et Thomas Perroud

Le droit n'est pas seulement un savoir, il est d'abord un ensemble de rapports et pratiques que l'on rencontre dans presque toutes les formes de sociétés. C'est pourquoi il a toujours donné lieu à la fois à une littérature de juristes professionnels, produisant le savoir juridique, et à une littérature sur le droit, produite par des philosophes, des sociologues ou des économistes notamment.

Parce que le domaine du droit s'étend sans cesse et rend de plus en plus souvent nécessaire le recours au savoir juridique spécialisé, même dans des matières où il n'avait jadis qu'une importance secondaire, les ouvrages juridiques à caractère professionnel ou pédagogique dominent l'édition, et ils tendent à réduire la recherche en droit à sa seule dimension positive. À l'inverse de cette tendance, la collection « Logiques juridiques » des éditions L'Harmattan est ouverte à toutes les approches du droit. Tout en publiant aussi des ouvrages à vocation professionnelle ou pédagogique, elle se fixe avant tout pour but de contribuer à la publication et à la diffusion des recherches en droit, ainsi qu'au dialogue scientifique sur le droit. Comme son nom l'indique, elle se veut plurielle.

Dernières parutions

Alex ATANASOV, *La machine judiciaire. Analyse économique et comparative du fonctionnement du système judiciaire*, 2023.

Mohamed KETATA, *Droit du marché financier et droit des contrats. Contribution à l'étude de l'opération de marché en droits tunisien et français*, 2023.

Van Anh LY, *La codification du droit international privé vietnamien à la lumière de la codification québécoise*, 2023.

Ruben AKONO MINLO, *Introduction au droit minier applicable au Cameroun. Une vue synoptique des aspects juridiques de l'exploitation minière*, 2023

Avec mes remerciements,

à Monsieur l'Abbé François-Marie Chautard,

Recteur de l'Institut Universitaire Saint-Pie X

5-7, rue de l'École polytechnique, 75005 Paris

www.harmattan.fr
978-2-336-46202-8
9782336462028

Préface

Si les églises du nord de la France ou du Royaume-Uni charment par leurs grandes verrières où la lumière du soleil est comme délicatement mais résolument invitée à entrer, les églises du midi de la Chrétienté se montrent plus discrètes, plus refermées, comme si elles redoutaient que la chaleur s'installe. Nous pourrions presque avoir l'impression que les églises se barricadent. L'extérieur n'en est rendu que plus austère.

Mais si l'on franchit le seuil, on est souvent étonné du contraste qui règne entre une architecture sévère et la magnificence de la décoration intérieure où l'œil est comme émerveillé d'une telle profusion de beautés.

Celui qui pénètre dans l'œuvre du Docteur angélique peut éprouver la même surprise. Rien de moins engageant que le titre de la *Somme théologique* de saint Thomas d'Aquin. Et pourtant, en y entrant, on découvre d'innombrables galeries de savoirs, dans lesquelles on peut déambuler à son aise, et sans s'y égarer tant ces domaines variés dialoguent amicalement les uns avec les autres.

Le nouvel ouvrage de Maître Marsaud de Labouygue participe de cet esprit. Le titre pourra paraître rébarbatif à certains, il n'en est pas moins vrai que sa lecture manifeste une nouvelle fois la richesse insoupçonnée de la pensée de l'Aquinate. D'autant plus que l'auteur n'hésite pas à puiser dans des œuvres diverses du Docteur Commun, utilement éclairées par des citations de commentateurs.

On s'attend certes à des considérations sur la raide vertu de justice, et l'on y trouve nombre de réflexions sur des thèmes variés et pourtant clairement articulés. Ainsi le lecteur attentif se verra-t-il conduit à se pencher sur des notions qu'il comptait approfondir : le sens de l'argent, du travail, du métier de marchand, des circuits économiques, de la vertu sous-tendue. Mais au fil de sa lecture, il en viendra à méditer sur bien d'autres sujets, non pas étrangers, mais plus éloignés car plus élevés. Étudier l'économie conduit à parler de biens, donc de hiérarchie de biens et des fins, notamment politiques.

L'auteur dégage ainsi cette belle leçon de politique : « *On peut déduire de ces principes la règle d'or de la morale économique : porter les biens temporels au maximum que comporte et requiert le vrai service de l'être humain, et non au maximum absolu qu'il est possible d'atteindre.* »

Opportunément, Maître Marsaud de Labouygue rappelle que « *les biens temporels doivent être ordonnés par leurs propriétaires au bien commun, ils sont des instruments du* »'bene vivere »' *qui est la fin de la société politique* ». Économie et morale trouvent ainsi un terrain d'entente et de coopération mutuelle. Et aussi de subordination car la vertu doit demeurer l'horizon des activités humaines, y compris économiques.

Notons à cet endroit la recherche insolite et bienvenue des vertus naturelles du propriétaire que le lecteur découvrira avec bonheur.

Quelques passages de l'Aquinate appellent des précisions, des éclaircissements. C'est le cas de cette affirmation : « l'usus *est la fin essentielle de sa propriété.* » On saura gré à Maître Marsaud de Labouygue de nous aider à comprendre cette profonde remarque de saint Thomas. L'homme ne doit pas posséder les biens matériels au sens le plus fort du terme, mais en user pour un bien. En jouant sur les mots, on pourrait presque dire que si l'homme s'accapare les biens matériels au point de s'en estimer le possesseur unique, au point de rejeter tous les devoirs liés à cette possession, il ne les possède plus mais en est possédé, comme l'avare qui croit posséder des biens qui l'ont enchaîné et abaissé. L'homme individuel n'a jamais la pleine possession des biens temporels pour la bonne raison qu'ils n'existent pas uniquement pour son bien propre.

Éclairer la notion de propriété implique de rattacher les biens de cette terre à leur premier propriétaire qui n'est autre que... leur créateur. L'économie se montre ainsi dépendante de la théologie naturelle. Et l'homme, créé à l'image de Dieu et appelé à poursuivre l'œuvre du créateur, apparaît tout naturellement comme l'administrateur des biens de la Création, l'intendant des biens de Dieu – ce qui, il faut bien le reconnaître, bouleverse l'idée qu'on se fait de prime abord de l'homme d'affaires ou de l'industriel...

On le mesure ici, aborder ces notions de justice, de biens matériels, c'est remonter jusqu'aux questions les plus essentielles de l'origine et de la finalité de ces biens, du sens de la vie. On pressent combien les enjeux de la justice sociale participent d'un ordre autrement plus élevé. On comprend aussi qu'une réforme de la pensée doit anticiper les réformes économiques.

Alors, on perçoit mieux que le regard de l'Aquinate voit plus en profondeur parce qu'il part de plus haut. Alors, on saisit que cette étude nourrit l'acquisition d'une sagesse dont le propre est de mettre de l'ordre dans nos connaissances avant d'en mettre dans nos vies et la politique de nos pays.

Que le lecteur ne redoute pas toutefois de partir dans une lecture par trop philosophique, Maître Marsaud de Labouygue illustre son propos, contextualise son discours par de nombreux emprunts à l'histoire. L'antique, bien évidemment, pour mieux comprendre les propos d'Aristote, source de la pensée de saint Thomas, mais aussi l'époque médiévale. Rien de tel que de connaître la genèse d'une réalité pour mieux en saisir les propriétés. Faut-il rappeler que l'illustre dominicain a vécu au temps et aux côtés de saint Louis ?

Si la composition de l'ouvrage emprunte la majeure partie de ses idées à la raison naturelle, comme du reste le fait saint Thomas avec sa rigueur habituelle, elle n'écarte pas les précieux éclairages de la foi et du Magistère, dont les lignes pénétrantes de Léon XIII sur la question sociale ou celles du catéchisme du Concile de Trente dont on sait qu'il fut inspiré de la pensée de saint Thomas : « *Que les riches se souviennent de rapporter à Dieu les biens et les ressources qu'ils ont reçus, et qu'ils pensent qu'ils sont comblés de ces biens dans le but de les distribuer aux indigents !* » Raison et foi se conjuguent ici dans un véritable esprit catholique pour aborder ces notions avec le regard le plus réaliste possible.

Cet ouvrage n'est pas non plus un manuel d'économie spécialisé où le lecteur chercherait des chapitres divisés en paragraphes nettement distingués, munis de nombreuses définitions. Il se verra plutôt entraîné dans une promenade intellectuelle au plan clairement tracé mais aux larges allées.

Il est heureux que l'année célébrant le 750e anniversaire du *Dies natalis* du docteur angélique voie la parution de cet ouvrage. Et l'on sera reconnaissant à un avocat d'en avoir si bien plaidé la cause et de l'avoir mise à la portée de tous.

C'est d'autant plus louable que saint Thomas est davantage connu pour ses travaux en théologie spéculative, en métaphysique, ou en psychologie qu'en économie. Heureusement, les dernières années ont été l'occasion de s'intéresser davantage à cet aspect de la pensée thomiste.

Puisse cet ouvrage nourrir l'admiration que l'on porte à saint Thomas, et enrichir les connaissances de tout un chacun, mais surtout susciter la réflexion de tous ceux qui veulent redresser la barre de notre cher pays et, car il s'agit de cela même : sauver et continuer notre civilisation.

L'abbé François-Marie Chautard

Recteur de l'Institut Universitaire Saint-Pie X.

Avant-propos

La fronde gronde en France. Après une période de deux années de pandémie du Covid-19, qui est venue frapper de plein fouet les Français dans leur liberté d'être ou de ne pas être, dans l'espace sanitaire comme dans celui de la circulation des personnes et des biens. Ils subirent le confinement, les restrictions et les contraintes administratives de l'exercice du droit au travail.

La jacquerie des petits commerçants et artisans représentants des classes moyennes, sous l'appellation de *gilets jaunes*, est venue fleurir les ronds-points de nos routes et les entrées de nos villes, dénonçant l'augmentation des taxes sur les produits alimentaires et surtout pétroliers.

La *mission d'intervention militaire* des Russes en Ukraine, le 24 février 2022 marque la rupture de l'accord signé le 5 septembre 2014, par les représentants de l'Ukraine, de la Russie, des républiques populaires de Donetsk, de Lougansk et de l'Organisation pour la Sécurité et la Coopération de l'Europe (OSCE) dont l'objectif était de mettre fin à la guerre du Dombas qui a éclaté en avril 2014. Les accords avaient été signés après de longues négociations à Minsk capital de la Biélorussie. Les combats perdurèrent dans la région du Dombas, en Ukraine orientale, malgré la décision d'un cessez-le-feu immédiat décrétée d'un commun accord entre les parties.

Le pouvoir parlementaire en France est affaibli, à défaut d'une majorité présidentielle existante, et l'application répétitive de l'article 49/3 et autres moyens constitutionnels permettant au gouvernement de faire passer en force, sans débat, ses projets de lois relatifs à leurs financements et particulièrement celui du régime des retraites contesté par l'opinion publique.

L'Exécutif, est isolé, l'épée a glissé des mains du Président, sans qu'il s'en soit aperçu, semble-t-il. La majorité présidentielle relative à l'Assemblée Nationale, en fait un pouvoir ingouvernable. L'autoritarisme prôné renforce les extrêmes et un pouvoir que certains voudraient accroître dans la rue où règnent les manifestations syndicales et catégorielles, pénétrées par des bandes de *black-blocs,* au souci d'en découdre avec les forces de Police et de Gendarmerie représentantes de l'autorité de l'État.

Les flux migratoires importants et continus, non régulés entraînent un conflit identitaire mettant en péril l'État de droit, par des revendications sociétales incompatibles, avec les valeurs qui ont fait la France et sont encore garantes de son unité.

Les trafics de toutes natures, notamment la drogue, les agressions et les profanations dans les lieux de cultes Juifs et chrétiens liés aux nouveaux arrivants sur le sol français, concourent au développement de l'insécurité et de la violence sur les terres de France.

Jacques Bonhomme, n'est plus au centre des préoccupations de nos gouvernants, qui règlent l'économie montante et la finance, à la calculette, se souciant peu du bonheur des peuples sujets dont ils ont la charge. Les petits hommes gris sont les serviteurs sourcilleux et zélés de Mammon.

Le vrai pouvoir politique et économique est à Bruxelles où les lois et les Institutions françaises sont sujet de droit, sans la possibilité de déroger aux directives et aux règlements communautaires par un droit de subsidiarité véritable qui rétablirait la France dans son État souverain. L'Europe des nations dans le respect des identités souveraines des Etats reste à construire.

Le temps est venu de nous consacrer à l'essentiel, en revenant aux fondamentaux. L'homme disait Pascal est un roseau pensant, certes, la Sainte Écriture est plus précise dans l'action à envisager :

« *L'heure est venue pour nous de sortir du sommeil* » Lettre de Saint Paul aux Romains ; Avent-Rm. 13, 11- 14a. Le petit homme doit sortir de la léthargie imposée par l'hypnose du serpent. (Le Livre de la Jungle- Rudyard Kipling)

Nos prétendus « 'modernes »' prétendent à tout et à rien. Ils sont issus de la génération spontanée qui ne doit rien à celles qui les ont précédées. Ils pratiquent allégrement avec certitude une opinion qui nie tout avis qui serait contraire à leur doxa. Et pourtant, ce sont des vieillards, assoiffés de lectures desséchées et mortifères. Ils ne sont pas habités par l'Espérance du genre humain dans la transcendance de ses actes en véritable amour du Christ.

Nous avons la matière, avec Saint Thomas d'Aquin. Aiguisons nos réflexions et actions. L'économie continue d'être amorale elle est enseignée comme telle dans nos Universités par d'éminents professeurs dont l'ancien premier ministre du gouvernement du Président Valéry Giscard d'Estaing, Raymond Barre, qui en ont fait le constat en dénonçant les causes, certes, et proposèrent une solution, toujours en attente de sa réalisation : la mise à plat de la fiscalité.

Si l'homme, dit-on, est au centre des préoccupations des sociétés et de ceux qui les gouvernent, arrêtons-nous sur les fondements des organisations de nos sociétés afin d'en observer avec S. Thomas, les buts et les moyens pour atteindre ce pieux objectif. Quelle finalité pour l'homme ?

Saint Thomas, n'est plus à présenter, Théologien, Philosophe, mais aussi Politique et Économiste. C'est un religieux Italien de l'ordre dominicain, célèbre pour son œuvre théologique et philosophique : « la philosophie est la servante de la théologie ».

S. Thomas, est né en 1225, au château de ROCCASECCA, près d'Aquino, près de Naples, dans la partie péninsulaire du Royaume de Sicile (Latium), et mort le 7 mars 1274, à l'abbaye de FOSSANOVA, dans les États pontificaux (dans le Latium également). Sa dépouille a été translatée en 1369, aux Jacobins à TOULOUSE, où il repose.

S. Thomas, a étudié et écrit la majorité de son œuvre à l'Université parisienne, au XIIIe siècle sous le règne de Louis IX de France.

S. Thomas a proposé au XIIIe siècle, une œuvre théologique qui, par certains aspects constitue un essai de synthèse de la raison et de la foi, notamment lorsqu'il tente, avec succès, de concilier la pensée chrétienne et la philosophie d'Aristote, redécouverte par les scholastiques à la suite des traductions latines du XIIe siècle. Il a quarante-quatre ans lorsqu'il rédige la seconde partie de *SOMME THÉOLOGIQUE,* sur les commentaires des œuvres d'Aristote, ce qui fait l'objet de notre présentation.

Dans ce propos, nous avons revisité seulement une partie tirée de la théorie de la Connaissance exposée par S. Thomas, relative à LA JUSTICE et plus particulièrement à *LA JUSTICE REDISTRIBUTIVE* qui constituerait, selon nous, à travers les générations d'hommes et les sociétés, la question majeure et constante de leur survie, avec le droit naturel appliqué à la PROPRIÉTÉ.

La justice redistributive est le corollaire de la justice distributive de Dieu. Les hommes reçoivent de Dieu et redistribuent à leurs semblables selon les critères que nous allons évoquer dans notre propos et cela selon l'équation : Tout part de Dieu, tout revient à Dieu.

S. Thomas est considéré comme un philosophe réaliste. Il retient d'Aristote le fait que toute connaissance est d'abord sensible avant d'être dans l'intelligence. Le connaissable préexiste à la connaissance.

Principes généraux de la justice

Commettre une injustice, c'est poser un acte qui objectivement n'est pas conforme au droit d'autrui. *À la différence des autres vertus morales, l'injustice ne consiste jamais dans un excès, mais dans un défaut :* on ne rend pas, ou l'on rend insuffisamment à chacun son dû.

Chaque espèce de justice a une forme d'injustice correspondante. Dans la distribution du bien commun aux membres d'une population si l'on ne tient pas compte des mérites ou des besoins d'un chacun, mais seulement de la seule personne et que l'on en fasse la mesure des répartitions, on commet une injustice.

S. Thomas a soin de marquer que l'on ne peut guère enfreindre les justices distributive et commutative, sans léser du même coup la justice sociale. C'est toujours dans le cadre de la vie en société que sont appréciés les rapports de personne à personne. L'injustice anti-sociale est par sa tendance un vice général qui pousse à commettre toutes sortes de fautes, et qu'inversement tous les vices par leur puissance de nocivité envers le bien commun, comportent une certaine injustice ; toute faute de l'homme contre lui-même porte atteinte dans une certaine mesure à la société dont il est membre et à laquelle il se doit. C'est dire que l'idée de justice est incorporée à la définition même de l'homme, et que *tout acte humain peut poser une question de droit.*

Quoi qu'il en soit, des contingences et des applications pratiques, la justice définit l'idéal politique du peuple. Le mot apparaît en 1234 dans les conventions établies entre le Peuple et les Nobles de Pérouse, et gravées sur une pierre qui s'appelle : pierre de la Justice. La compagnie armée contre les Nobles de Bologne en 1271 s'intitule : compagnie de la Justice. Lorsque les opprimés s'insurgent à Florence contre le despotisme des puissants ils se groupent au cri de « Justice ! » Peu à peu, l'idée de justice fut conçue comme supérieure aux partis, maintenant entre eux l'équilibre des droits et des devoirs réciproques. Quand Giano della Bella s'indigne contre les excès de ceux mêmes qui l'avaient porté au pouvoir à Florence, il s'écrie :

« *Périsse la cité plutôt qu'une pareille injustice s'accomplisse* ».

On définit l'autorité comme le service du bien commun, celui qui la détient doit châtier les violations du droit, protéger les faibles, remédier à l'anarchie et à l'arbitraire, assurer à tous la concorde et la paix. Ainsi se réalisait au XIIIe siècle cette notation de Platon : « *L'injustice fait naître entre les hommes des dissensions, des haines, des batailles, au lieu que la justice entretient la concorde et la paix* »[1].

Les historiens s'accordent, encore, à reconnaître l'influence de la théologie médiévale sur l'état social de notre époque contemporaine. Puisse notre monde moderne être à nouveau perméable à la morale, dans toutes les manifestations de son activité sociale, économique, politique. L'idéal de justice doit présider à toutes les obligations professionnelles.

Alors se réalisera à nouveau cette victoire dans nos cités et dans le monde : la question sociale réglée. Les Peuples lui devront la première des garanties, le respect de la vie humaine et de la propriété, la paix dans la justice ! Voilà la notion

---

[1] République, I, 23, d.

fondamentale, universelle et simple à la fois, celle qui répond à tout, s'impose à la famille, à l'État, aux relations privées ou publiques, celle dont les intérêts ou les passions peuvent bien restreindre, non défigurer le sens. De son application découle l'ordre, c'est-à-dire la conformité à la raison.

Le commerce

L'héritage de la civilisation romaine, bouleversée par les barbares, fut reçu par Byzance qui développa au plus haut point l'activité économique et la richesse. C'est l'Empire romain d'Orient qui, pendant le haut Moyen Âge, détient le monopole du commerce international. C'est à ce point qu'au XIe siècle le Trésor impérial retirait des seuls droits du marché et de la douane prélevés à Constantinople un revenu annuel de 7 millions sous d'or (150 millions d'euros).

Tout autre est la situation de l'Occident : « *Le négoce, comme aux époques de civilisation peu avancée, où l'on comprend mal l'utilité des rapports commerciaux confiés aux intermédiaires, est peu considéré. Le marchand passe souvent, à l'époque carolingienne, pour un parasite et pour un fraudeur. La plupart des produits se consomment sur place ; dans beaucoup de cas l'intervention du commerçant n'est pas nécessaire. Le trafic se réduit fréquemment au troc de produits naturels, dont les lois déterminent parfois la valeur réciproque, comme s'il s'agissait d'une monnaie. On n'y distingue pas le marchand du cultivateur, l'échange se faisant directement entre producteurs. On a observé, par exemple, que les lois anglo-saxonnes ne font pour ainsi dire pas mention du commerçant. Dans cet état de civilisation, l'intervention du commerce n'est nécessaire que pour les échanges auxquels l'économie familiale et domaniale ne peut pourvoir, c'est-à-dire pour les rares produits naturels et fabriqués, qui sont des objets de luxe trop chers pour la masse des consommateurs pauvres de l'Occident* ».[2]

On voit cependant s'organiser, à côté du commerce local sédentaire, le commerce ambulant, le colportage. Une nouvelle classe commerciale naît et grandit avec le trafic des articles de luxe importés d'Orient. Ces marchands en gros *(negotiatores)* sont désignés par les textes comme : merciers vendeurs d'articles coûteux *(mercemanni cariorum rerum mercatores)* ou trafiquants de produits du Levant (*negotiatores transmarini*) (Loi des Wisigoths). Les relations s'étendent entre la Gaule, l'Italie, l'Espagne, la Syrie et Byzance, l'archipel Britannique, la Baltique etc.

Dès la fin du XIe siècle, cet essor commercial s'accentue grâce au mouvement d'expansion provoqué par l'Église en vue de la défense de la chrétienté contre les musulmans et de la diffusion de la foi chrétienne parmi les païens. Les marchands accompagnent les croisés et les pèlerins et s'emparent des nouveaux champs d'activité qui leur sont ouverts. De plus les États, intéressés à accroître leurs ressources, protègent et favorisent les échanges. Le développement de la production agricole et industrielle rend plus intense la création de nouveaux marchés et de grandes foires. La transformation de la vie sociale elle-même suscite de nouveaux besoins de bien-être et de luxe.

---

[2] *P. BOISSONNADE. Le Travail dans l'Europe Chrétienne au Moyen Âge (V-XVe Siècles), Alcan, 1930, pp. 134-135. Nous suivons pas à pas cet ouvrage excellent, auquel se rapportent nos références sans autre précision. Cf. également G. LEGARET, Histoire du développement du commerce depuis la chute de l'empire romain jusqu'à nos jours. Paris, A. BELIN, 1927 ; L. BLANCARD* Documents inédits sur le commerce de Marseille au Moyen Âge, Marseille, 1884-1885, 2 vol. H. PIRENNE, G. COHEN, H. FOCILLON, *Histoire du Moyen Âge, Presses Universitaires de France. t. VIII. Chp. 1-7.*

Aussi, la vie commerciale s'épanouit avec une force qu'elle n'avait pas connue jusque-là et qui dépasse même celle des plus belles périodes de l'antiquité, où le commerce avait un champ d'action moins vaste. L'économie nouvelle a maintenu ses organes spéciaux. Elle provoque la naissance de classes distinctes et de formes d'organisation variées. Au-dessus du petit producteur paysan et de l'artisan local, qui continuèrent à vendre directement au consommateur, apparaît le négociant de profession (negotiator, mercator), l'intermédiaire, dont la fonction essentielle consiste dans l'achat et la revente des produits. Originairement, dans cette classe, se confondent les grands marchands et les entrepreneurs de transports, aussi bien que les colporteurs et les petits revendeurs. Elle est formée d'éléments disparates, souvent troubles, qui résident de préférence dans les faubourgs des villes et aux points de passage des voies terrestres et fluviales, où ils sont pourvus d'un droit spécial (jus mercatorum) qui les protège. Bientôt, elle se renforce des capitalistes et des manieurs d'argent des centres urbains.

Les riches négociants qui se réservent le commerce de gros, ne se limitent pas au trafic local ; merciers, épiciers, pelletiers, entrepreneurs de transports, armateurs et banquiers associent leurs ressources et partagent les risques et les bénéfices, et forment des sociétés en *commandite.* Ils peuvent ainsi étendre leurs échanges à travers le royaume et entre nations. Ils voyagent, vont de foire en foire, et joignent aux gains commerciaux les profits de la banque. On les appelle, suivant les villes : *navigateurs, marchands de l'eau, drapiers, changeurs.* L'association leur était nécessaire pour se défendre contre les pillages et les violences des barons, mais aussi pour s'assurer contre l'incendie et le naufrage, et même pour se réserver le monopole du commerce dans une région déterminée. De là ces associations de secours mutuel entre les membres de cette aristocratie populaire où se trouvent et se transmettent les grandes fortunes[3].

Ce sont surtout les Italiens, Lombards, Génois, Florentins, Siennois etc... qui se montrent les plus ingénieux et les moins scrupuleux. Les marchands du Nord de la France, des Flandres, de la Rhénanie etc. s'organisent à leur tour en *Gildes* ou Sociétés de défense et de protection mutuelle, puis en fédérations ou *Hanses ;* celle des villes commerçantes de l'Allemagne du Nord, dont Lübeck, est la plus active, se créée en 1241 ; celle de Londres, dont la première mention est, en 1240, une charte de Bruges, sa capitale, comprit 17 centres urbains, dont Ypres et Lille. En 1267 la compagnie de l'Étape, groupe les marchands anglais exportateurs de beurre, fromage, viande salée, laine, métaux bruts, qui approvisionnent les entrepôts et marchés de vente *(Étapes)* de Calais, Bruges, Anvers.

Les moyens de transport s'améliorent considérablement : « *L'Eglise organise de pieuses confréries de constructeurs de ponts, les frères Pontifes, dont la plus célèbre est due à un pâtre français du Vivarais, Saint Benézet, qui eut des imitateurs en Italie. Une utile émulation multiplie les ponts de bois et de pierre pendant trois siècles, par exemple ceux d'Avignon, de Saint-Esprit, de Lyon, de Paris, de Tours, de Londres, de Stratford, de Florence, de Valence, d'Espagne. On fait la chasse aux brigands, on essaie de porter la hache dans la végétation touffue des péages...*

La circulation fluviale se développe avec une intensité plus grande encore que la circulation par voie de terre, à cause de sa rapidité plus grande et de la capacité de transport des bateaux, cinq cents fois supérieure à celle des bêtes de somme qu'on emploie sur les chemins. Les rivières navigables sont améliorées par la construction de barrages, de plans inclinés,

---

[3] Cf. A. LUCHAIRE, *Les communes françaises à l'époque des Capétiens directs,* p. 31.

de portes marinières, à défaut d'écluses à sas encore inconnues... Les premiers services plus ou moins réguliers de messageries, de courriers, de roulage s'organisent par les soins de corporations ecclésiastiques, marchandes, urbaines ou même des États. La poste apparaît en Italie au XIIe siècle et vers 1237 en Allemagne. Des hospices et des refuges, analogues à ceux qu'a fondés S. Bernard de Menthon dans les Alpes, se multiplient aux passages des monts. Les voyages gagnent en facilité et en célérité ». (3)

Le développement des marchés et des foires où se rendent les marchands de toutes nations (même d'Asie-Mineure), est l'une des principales étapes de l'essor du commerce occidental. La célébrité de deux grands centres de l'Ile-de-France et de la Champagne est universelle. Les marchands affluent chaque année du 11 au 24 juin, (au Lendit) dans la plaine de Saint-Denis. Ils viennent plus nombreux encore aux grandes foires champenoises, à Lagny-sur-Marne, à Bar-sur-Aube, surtout à Provins et à Troyes, qui se succèdent annuellement de janvier à octobre, pendant 16 à 50 jours pour chacune.

L'Église les bénit, les inaugure par des cérémonies religieuses, frappe de peines spirituelles quiconque entrave le mouvement des voyageurs qui s'y rendent. Les chefs d'État les protègent, exemptent les commerçants des droits les plus onéreux, leur délivrent des sauf-conduits, garantis par des traités ; tarifient en leur faveur le prix des logements et des vivres ; leur reconnaissent le droit d'asile. C'est aussi là que se règlent les excédents de recouvrements et de paiements des grandes maisons commerciales d'Italie, de Flandre, d'Angleterre.

– Soit des droits de circulation, tonlieux et péages, perçus sur les routes, les rivières, les ponts, les ports, à l'entrée ou à la sortie des villes ; soit des droits frappant l'exposition et la

vente des marchandises dans les marchés et les foires : jus mercati, jus feriae nundinarum etc...

On observe la même évolution dans le progrès accompli par le commerce maritime. On commence à construire des phares, à aménager les ports. On crée des chantiers de constructions navales, surtout à Venise, à Gênes, à Marseille, à Barcelone. À côté des petits bâtiments d'un tonnage restreint, on lance des vaisseaux de transport de 500 à 600 tonneaux (ussiers) qui peuvent transporter de 1000 à 1500 passagers. Les États d'Occident organisent les premières marines de guerre pour protéger le commerce. Venise, Pise, Gênes possèdent les plus puissantes ; La dernière compte en 1293 jusqu'à 200 navires avec 25.000 matelots. Les Catalans créent la leur au XIIIe siècle, en même temps que les Capétiens, et la France possède un moment 118, puis 200 vaisseaux avec 20.000 matelots. La navigation hauturière commence à se développer, grâce à l'emploi de la boussole, empruntée aux Arabes, et perfectionnée par des marins siciliens qui imaginèrent de placer l'aiguille aimantée sur un pivot mobile. Les Italiens et les Catalans dressent les premières cartes marines. C'est vers 1250 qu'apparaît le gouvernail à étambot qui transforme la navigation. La voile l'emporte sur la rame et l'on découvrira... les Indes et l'Amérique.

À ces perfectionnements, il faut ajouter les sécurités procurées par les lois et les traités de commerce, négociés même entre états chrétiens et musulmans, et qui forment l'ébauche d'un droit international basé sur le respect de la liberté individuelle.

– C'est ainsi que la république de Gênes conclut des traités avec Narbonne (1224), Montpellier (1225), Saint-Gilles (1232), le roi de Tunis et de Tripoli (1237), Athènes (1240), Constantinople (1261). En 1237 Henri III d'Angleterre donne un éternel sauf-conduit aux marchands de Flandre et du

Hainaut. Venise signe en 1238 un accord avec l'Égypte, en 1256 avec Tripoli etc.

Les clauses commerciales sont surtout relatives à la réglementation des tarifs d'entrée, de circulation et de vente, et à l'octroi de libertés pour l'importation, l'exportation et le transit. On codifie notamment les coutumes qui régissent le trafic sur mer. -*Cf. Le Code de Montpellier, et le capitulaire nautique de Venise rédigé en 1255.*-

Le trafic sur mer s'accroît dans des proportions prodigieuses. Les routes maritimes de l'Atlantique, peu fréquentées jusque-là, sont de plus en plus sillonnées par les Espagnols, Français, Anglais, Allemands. C'est surtout la Méditerranée qui est le centre le plus actif de ces relations commerciales ; les républiques italiennes, provençales, languedociennes, catalanes créent partout des comptoirs. Ce sont particulièrement les Vénitiens et les Génois qui exportent au Levant, les draps de Liège, d'Ypres, de Corbeil, les étoffes fabriquées en Italie. En 1205, on compte à leur actif 132 contrats de sociétés et de commandite avec les pays « outre-mer ». Le 10 juillet 1261, ils ratifient solennellement un traité signé le 12 mars à Nymphée, avec Michel Paléologue, qui leur permet l'exploitation systématique des grandes régions commerciales du proche Orient, et leur ouvre les « routes de la soie et de la laine » qui vont de Flandre et de Champagne à la mer Noire et à l'Asie centrale.

De 1150 à 1300, le commerce détermine une véritable révolution dans l'histoire économique de l'Europe chrétienne. L'ouverture de nouveaux marchés et l'accroissement simultané de la production et de la consommation, les facilités de transport et d'échanges déterminent un développement de la richesse mobilière au détriment de la vieille économie domaniale. « *Une puissance nouvelle naît et grandit, celle du capital mobilier, qui transforme la nature des échanges et la circulation des produits, qui substitue à l'économie naturelle l'économie monétaire, qui donne aux relations économiques une souplesse, une variété, une ampleur extraordinaire, qui permet, par l'accumulation des bénéfices commerciaux, la constitution, le renouvellement, l'accroissement incessant de richesses aisément mobilisables et susceptibles de revenus élevés. Elle va ouvrir la voie à des formes économiques supérieures à celles de l'économie féodale, d'abord à l'économie urbaine, puis à l'économie nationale. En même temps, elle provoque l'avènement de classes marchandes et industrielles qui deviendront les rivales et parfois les égales des anciennes classes féodales. C'est grâce à ce fécond mouvement que les ouvriers et les paysans, devenus les instruments indispensables du progrès économique, vont prendre conscience de leur force et acquérir la liberté. La transformation économique et sociale de l'Occident chrétien est pour une large part la conséquence de la révolution commerciale qui se déclare et qui accélère sa marche à partir de la fin du XIe siècle* »[4].

C'est à juste titre que l'on a pu dire du XIIIe siècle qu'il fut l'âge d'or du commerce.

---

[4] WHEYD. Histoire du commerce du Levant au Moyen Âge, trad.

La morale du commerce

S. Thomas est le témoin de la gestation d'un monde nouveau. Il était indispensable de donner quelques précisions sur cette évolution économique. Comment l'a-t-il jugée ? En moraliste et en théologien, non en économiste ; son but est de définir les conditions de moralité de l'action humaine « *qui reçoit sa règle de la raison* ».

À la base de toute action, en effet, nous émettons ce jugement de valeur que telle fin est bonne, désirable, obligatoire ou non. Ce principe est la majeure d'un syllogisme dont la mineure est fournie par une vérité de faits : tel moyen assure ou non l'obtention de la fin voulue. Cette fin, S. Thomas la suppose déjà connue, et elle commande son jugement sur le commerce et le prêt. Mais la raison, règle de l'action pratique, est la raison instruite par l'expérience. Le moraliste doit tenir compte des contingences variables qui modifient le lien constant des causes aux effets ; il s'informe par la méthode d'observation : « *Quae pertinent ad scientiam moralem maxime cognoscuntur per experientiam* »[5]. Si le libre arbitre déroute parfois les prévisions de la science sociale, le mécanisme des institutions, le caractère des hommes vivant en société, l'efficacité des lois, ne sont pas, dans l'ensemble, soumis au caprice et à l'arbitraire, mais sont

[5] Ethic. I, Lect.3.

assujettis à des lois naturelles. On peut donc établir des prévisions vraies *ut in pluribus,* et de ce chef, la morale peut à bon droit revendiquer le rôle d'une science normative.

C'est cette méthode que S. Thomas applique au jugement qu'il porte sur le commerce. Si les règles qu'il édicte sont inspirées de l'exigence de la fin de l'homme et de la hiérarchie des êtres, son information pratique est plus étendue qu'il n'y paraît au premier abord, et il a admirablement discerné la nature de l'échange, ses avantages et ses dangers.

Par ailleurs, il n'innove pas pour autant et ne construit pas de toutes pièces une morale originale des affaires. Il s'inspire de l'Écriture et de la doctrine traditionnelle de l'Église, qu'il exploite rationnellement, grâce surtout aux observations et aux raisonnements d'Aristote, et c'est en ce sens qu'il fait œuvre de théologien.

Saint Thomas et Aristote

L'intelligence de la pensée de S. Thomas demande donc une connaissance exacte de toutes ses sources. C'est à Aristote que S. Thomas se réfère explicitement pour distinguer l'échange qu'il justifie, par le troc, du commerce qu'il condamne de fait, par l'introduction de la monnaie et ne vise que les opérations d'échanges usuelles qui sont la conséquence de la spécialisation des métiers et de la division du travail ; leur objet propre est de satisfaire les besoins de la population. Le commerce proprement dit n'est louable que s'il est socialement utile, c'est-à-dire s'il subvient à des besoins nécessaires, évite les famines etc... Cette fin, moralement bonne, rend le profit légitime et autorise à vendre une marchandise plus chère qu'elle n'a été achetée.

Cette distinction correspond aux deux formes d'acquisition de la *Politique* du Stagirite[6]. La première a pour objet les subsistances nécessaires à la famille ; la seconde vise à l'accumulation de la monnaie, c'est l'art d'acquérir des richesses. L'acquisition économique est légitime parce que nécessaire, elle « *trouve sa limite dans les exigences mêmes de la famille. Les besoins de l'homme sont finis, et une quantité finie de denrées suffit à les satisfaire. À quoi servirait-il au groupe domestique de se procurer plus de blé qu'il n'en peut*

[6] Polit. Lib. I, cap3.

manger, plus de vin qu'il n'en peut boire, plus de vêtements qu'il n'en peut porter ?

L'acquisition chrématistique a pour but la monnaie. Elle vise à l'accroissement des sommes possédées. C'est un art sans limite. Car le besoin de monnaie, à l'inverse de tous les autres besoins, est infini. Toute somme, si grande soit-elle, est susceptible d'être augmentée. Dans l'accumulation de l'argent, il n'y a pas de terme. Enfin cet art est immoral. Il tend à amasser l'argent à l'infini, parce que l'argent est l'instrument de toutes les jouissances. Qui le pratique, cherche à jouir, sans se préoccuper de vivre comme il le faudrait. En vue du gain, il est porté à trafiquer de tout »[7].

Selon que tel ou tel procédé d'acquisition prend rang dans l'économique ou la chrématistique, il sera réputé moral ou immoral. Nous avons vu ailleurs les différents modes de production, grâce auxquels on se procure les subsistances par l'exploitation directe du sol, sans recourir à l'échange, et qui font sans aucun doute, partie de l'économique. Mais l'échange est un moyen naturel de parer aux insuffisances de la production domestique, non point qu'il crée les richesses, mais il les déplace, et cette circulation des denrées indispensables remédie à la pénurie des uns grâce à l'abondance des- autres[8]

Toutes les formes d'échange ne sont pas pour autant légitimes. La plus proche de la nature est le troc.

Mais il n'est pas facile de transporter les objets que la nature rend indispensables ; de plus on a besoin d'une commune mesure des valeurs échangées, « *car la société n'est pas possible sans l'échange.*

---

[7] M. DEFOURNY. *Aristote. Etude sur la « Politique ».* BEAUCHESNE, 1932, p. 7.

[8] Polit. Lib. I, cap.9.

L'échange lui-même n'est possible que si l'on établit un rapport d'égalité entre les biens. Sans commune mesure, il n'y a pas de rapport d'égalité »[9].

La nécessité fit donc recourir à l'usage de la monnaie, comme mesure de toutes les richesses. C'est elle qui permet d'évaluer combien il faut donner d'une chose pour en avoir une autre.

C'est dire que toute circulation monétaire ne relève pas nécessairement de la chrématistique. « *Ainsi entendue, il est évident que la vente n'est pas par nature une partie de la chrématistique. Pour autant que c'était nécessaire à la satisfaction de leurs besoins, les hommes devaient bien pratiquer l'échange* »[10]

Ainsi lorsque le but des transactions n'est pas l'argent pour lui-même, mais l'obtention des objets utiles à la vie, et donc lorsque ces opérations monétaires se font directement du producteur au consommateur, sans l'entremise du commerçant, la vente est louable, la monnaie ne joue que le rôle de moyen ; de tels échanges rentrent dans l'économique.

Cependant Aristote écrit peu après : « *On place souvent la richesse dans l'abondance d'argent, parce que l'abondance d'argent est l'objet de la vente et de la chrématistique* ». Il n'y a pas de contradiction à approuver l'échange et à réprouver le commerce ; car si dans la langue du philosophe ces deux catégories de vente ne sont désignées que par un seul mot, les réalités sont diverses ; c'est le mérite de DUFOURNY de l'avoir signalé : « *Le commerce, écrit-il, multiplie la monnaie. Le négociant achète au cordonnier des chaussures qu'il revend avec gain à ses pratiques. Dans son cas, il y a achat en vue d'une vente ultérieure. Il y a échange d'une somme*

[9] Ethiq. à Nicomaque, liv. V, ch. 5. Liv. V, ch.5.

[10] M. DEFOURNY. *Aristote. Etude sur la « Politique »*. BEAUCHESNE, 1932, p. 7

d'argent contre une somme plus forte par l'intermédiaire d'un produit. Celui-ci n'est plus la fin de l'opération, c'est un moyen pour l'obtention d'une somme plus considérable. La monnaie est devenue le commencement et la fin de l'échange. Le commerçant vise à l'accroissement de son pécule. Il fait de la chrématistique. C'est cette espèce de vente qui tombe sur le coup de la consommation qu'Aristote a portée contre la chrématistique »[11].

Le mot chrématistique revient souvent dans notre propos. Il s'agit de la chrématistique d'Aristote. C'est une notion fondée par Aristote pour décrire la pratique visant à l'accumulation de moyens d'acquisition en général, plus particulièrement de celui qui accumule la monnaie pour elle-même et non en vue d'une fin autre que son plaisir personnel. Aristote distingue deux formes : la chrématistique naturelle et la chrématistique commerciale.

On saisit le point de vue abstrait d'après lequel est condamnée la revente à bénéfice ; le produit n'est considéré que comme un intermédiaire, et l'échange véritable a lieu entre deux sommes inégales ; le négociant revend quatre euros ce qu'il a acheté deux euros ; tel est sa faute. Mais rien n'est dit touchant le producteur qui fournit au négociant des produits que celui-ci transmet au consommateur. Faut-il que chaque homme ou chaque famille dans le besoin se déplace et aille successivement chercher des denrées à l'agriculteur, au tisserand, à l'artisan ?

Est-ce à ces derniers de rechercher les clients et de leur proposer ce qu'ils ne trouvent pas sur place ?

C'est le rôle du commerce que de faciliter ces échanges, du moins dans notre monde moderne.

---

[11] M. DEFOURNY. *Aristote. Etude sur la « Politique »*. BEAUCHESNE, 1932, p. 7

« *Mais reportons-nous dans la Grèce antique. Si le producteur et le consommateur sont voisins, se connaissent, habitent le même périmètre étroit et se rencontrent au marché, le commerçant qui achète à l'un pour revendre à l'autre est un intermédiaire superflu. Il ne rend aucun service. Le supprimer est un profit pour tout le monde. En ce qui concerne les produits de l'intérieur, dans un régime où la division régionale du travail n'existe pas, la vente directe est infiniment préférable. L'intervention du commerçant n'est utile ou nécessaire que si les lieux de production et les lieux de consommation sont très distants. C'est le cas pour les denrées que, par suite de l'insuffisance de la production locale ou de la pauvreté du sol exploité, on doit faire venir de l'extérieur. Encore faut-il remarquer que, si ce commerce des produits du dehors est aux mains de gens peu honorables, apportant on ne sait d'où des marchandises acquises on ne sait comment, trompant sur la quantité et la qualité, achetant à leur valeur ou pillant, suivant l'occurrence, les articles qu'ils emportent en échange de leur cargaison, le trafiquant des produits de l'extérieur n'est pas plus respectable que le négociant des produits de l'intérieur. L'un est une sangsue, l'autre est un bandit. Le commerce, sous ces deux formes, doit être* proscrit ».[12]

Or telle était la réalité au temps d'Aristote. C'est la cité qui est l'unité politique, militaire, religieuse... et économique. Elle se définit : « *Une société parfaite se suffisant complétement »*[13]. Elle doit se composer du plus grand nombre possible de citoyens ayant les moyens suffisants pour vivre, et procurer à ses membres la plus heureuse, c'est-à-dire une vie parfaite.

Par ailleurs, la Grèce n'a jamais connu la grande industrie, qui réunit dans une même usine un personnel nombreux ; elle

[12] Polit. I, cap. I.

[13] Polit. Lib. I, cap.9).

n'a pas dépassé le système de l'artisan isolé, des ateliers familiaux et de la petite industrie : poteries, manufactures d'armes, tissages etc. Aussi producteurs et consommateurs sont-ils en rapports immédiats ; ils vivent côte à côte et se rencontrent au marché où ils échangent directement leurs produits. L'intermédiaire serait un parasite, dans l'analyse de saint Thomas c'est, me semble-t-il, une pure hypothèse d'école, car *« Le miracle grec »* constitue cependant une sorte de microcosme qu'il convient de signaler dans les expériences politiques, économiques et sociales, on ne peut pas parler dans le laboratoire grec de parasite, c'est l'exception dans le groupement pacifique des cités aux VIIIe et VIIe siècles avant Jésus-Christ, dans l'organisation religieuse des amphictyonies, dont celle de Delphes fut la plus célèbre.

Après avoir repoussé victorieusement l'invasion des Perses et triomphé du nombre par la qualité et la valeur, les cités grecques durent se poser à leur tour le problème de l'organisation future de la défense des libertés et de la paix. C'est l'origine du *dilemme* qui emplit toute l'histoire hellénique aux Ve et IVe siècles avant notre ère.

Celui de la liberté et du particularisme de chaque cité et de la nécessité de réunir leurs efforts pour une action commune.

Voilà pourquoi Platon, qui reconnaît la nécessité du commerce, le remet aux mains des gens incapables de tout autre travail, « de ceux dont la perte serait un faible dommage pour l'État » *(Lois, 919 c.) ;* il précise dans *La République,* la raison de son mépris : « *Il y a des gens qui... se chargent du service d'intermédiaires. Dans les États bien réglés, ce sont ordinairement les gens les plus faibles de santé, incapables de tout travail. Leur rôle est de rester au marché, d'acheter à prix d'argent à ceux qui désirent vendre, et de vendre, à prix d'argent aussi, à ceux qui désirent acheter* ».[14]

---

[14] La République de Platon, 371, c,d.

À vrai dire familles et cités n'ont jamais pu se suffire entièrement à elles-mêmes et ne peuvent se passer de l'étranger. Certaines denrées manquantes et nécessaires, des articles rares et utiles, des produits nouveaux qui suscitent le désir, créent l'intervention d'une classe mercantile qui, par intérêt, pousse au développement du commerce.

Mais elle est suspecte et la législation contrôle sévèrement ses opérations. C'est ainsi qu'à Thèbes, une loi interdisait l'accès des fonctions publiques à tout commerçant qui n'a pas renoncé à sa profession depuis dix ans au moins[15]

Cette hostilité des faits et des idées à l'égard du commerce s'entend mieux si l'on songe que, primitivement, les Phéniciens en avaient le monopole ; voyageant par bandes et en armes ; « *ils longent les côtes, s'arrêtent dans les ports et débarquent leur cargaison. Ils emportent en échanges d'autres marchandises ou de l'argent. Mais à l'occasion, ils tentent un coup de main ; ils opèrent une razzia. Ajoutez à cela qu'il n'y a pas de système régulier des poids et mesures, qu'il n'y a pas d'étalon monétaire uniforme : ils trompent quand ils peuvent. Où la violence ne réussit pas, la fraude est employée. Le négociant est une sorte de bandit et de voleur. Son trafic de grand style exige du talent, de l'habileté, de l'audace, de la ruse, de la mauvaise foi et de la force.*

Or parmi les Grecs séparés, il est des gens de sac et de corde chassés de leurs groupes sociaux pour crimes ; des bâtards et des fils de concubines qui n'ont point part à la copropriété de la famille ; des cadets qu'offusque la supériorité de leurs aînés ; des aventuriers à qui la vie patriarcale est intolérable. Le métier est sans attrait pour de pareils êtres. Cette engeance, que précède partout sa mauvaise réputation, trouvera d'ailleurs difficilement le placement de ses services. Que fera-t-elle ? Elle imitera et

[15] Polit. Lib. I, cap.9).

puis supplantera le Phénicien. Elle ira trafiquer au dehors. Par ses qualités natives, elle est prédestinée à cette profession. De petits groupes se forment au hasard des rencontres. Chaque bande équipe son vaisseau et se lance sur les flots. Les enfants perdus de la Grèce vont tenter aventure sur les côtes lointaines, vrais écumeurs de mer, qui se déplacent au gré des vents et suivant les coups à tenter ».[16]

De fait, le trafic échappe en grande partie aux citoyens d'Athènes. C'est à ce point que le seul fait d'exercer un négoce constitue une présomption d'extranéité, ainsi qu'on le voit dans le plaidoyer de Démosthène contre Eubulide[17]. On connaît par le *Corpus* des inscriptions grecques l'origine étrangère de ces revendeurs et revendeuses comme Pyrrhias et Thratta, de Philon marchand de salaisons (II, 2, 768, 773). Chrysippe frères, qui constituent un prêt à la grosse à Phormion, sont des négociants originaires du Bosphore, établis à Athènes[18].

Bref les commerçants sont en immense majorité des hommes de condition inférieure et dépendante : étrangers, métèques, affranchis et esclaves, qu'il est peu honorable de fréquenter, dont beaucoup sont de mauvaise compagnie et dont les établissements sont souvent mal famés.

On conçoit dès lors que le marchand soit réputé malhonnête ; d'ailleurs il ne se soucie pas de sa réputation ; il apparaît sur le marché et disparaît sans que l'on sache ce qu'il est devenu et par la suite hors de toute atteinte. Voilà pourquoi Platon qui entend que le métier de marchand soit réservé aux seuls métèques et étrangers, demande que ceux-ci soient contraints de rester dans la cité dix jours après la vente, dès là que l'objet qu'ils ont négocié comptant dépasse une certaine valeur monétaire. Pendant ce délai l'acheteur, informé du

---

[16] M. DEFOURNY, I. I. pp. 88. 89.
[17] I. VII, 34 et sv.
[18] Démosthène, C. *Phormion,* XXXIV, 6),

domicile du vendeur, pourra s'apercevoir s'il a été trompé, et obtenir rescision de la vente.

Pour plus de sûreté, Platon prescrit que les transactions doivent s'accomplir sur la place du marché. Dans le même esprit, Aristote prévoit une magistrature spéciale chargée d'observer les agissements des marchands (Polit. VII, chap. 5). C'est toujours la même défiance à l'égard d'une moralité guidée par les seuls intérêts.

On adoptera à Douai au début du XIVe siècle des dispositions analogues à l'égard des marchands forains qui sont hébergés par les hôteliers de la ville. C'est l'hôtelier qui mettait en rapports l'étranger avec le drapier, et jouait le rôle de courtier, guide et auxiliaire du marchand. Le vendeur indiquait à l'hôte les noms des acheteurs et la liste des tissus vendus. « L'hôte ne devait pas laisser partir le forain avant qu'il ait éteint sa dette : il en était même pécuniairement responsable, et s'il n'accomplissait pas son rôle de police, il avait à rembourser la perte du marchand, et de plus il était puni d'une amende, et privé pendant une année entière du droit de remplir sa profession. En cas de non-paiement, le jour même de l'échéance ou le lendemain, le vendeur se trouvait dans l'obligation de déclarer la situation à l'hôte devant deux témoins, puis, dans les trois jours, de déposer sa plainte à l'autorité locale, faute de quoi lui-même était condamné à une amende, au bannissement et à la privation à l'avenir de tout droit à une aide quelconque du pouvoir urbain. Les précautions prises vis-à-vis des forains, ou plutôt "contre" eux, ne sauraient étonner en soi. Elles étaient de la nature de toutes celles qu'un créancier cherchait à prendre à l'égard d'un débiteur et en particulier d'un débiteur étranger, qui lui était inconnu et qui pouvait partir sans s'être acquitté de ses *dettes ; plus généralement, elles constituaient une application intéressante du droit si soupçonneux envers les étrangers »*[19]

[19] G. ESPINAS, *La Vie Urbaine de Douai au moyen-âge*, Paris, Picard, 1913, t. II. P. 849 ; cf. p.858.

S. Thomas et l'économie contemporaine

Si nous nous sommes étendus sur la conception aristotélicienne du commerce et l'état économique de la Grèce contemporaine, ce n'est pas seulement parce qu'elles ont décidé de la position adoptée par S. Thomas, mais parce que, chose curieuse, l'état économique auquel se réfère notre étude est en grande partie identique à celui que nos sources exprimaient. Cette similitude explique en grande partie le crédit que S. Thomas a accordé aux conclusions du Philosophe-sociologue.

Dans le haut Moyen Âge, en effet, l'opinion dans toutes les classes méconnaît le rôle du commerce. La richesse était constituée par la terre et les produits du sol ; l'économie mobilière ou d'argent, issue du commerce, ne possédait qu'une minime importance. Chaque groupe domanial produit à peu près ce qui lui est nécessaire ; se suffisant à lui-même, il est socialement indépendant ; les échanges ne portent que sur l'excédent de production des produits naturels ou fabriqués ; excédent restreint et que l'on écoule sur place, généralement au comptant, souvent sous la forme du troc.

Comme jadis en Grèce, le commerçant fut longtemps considéré comme un parasite, un spéculateur, un usurier ; quiconque s'enrichissait du négoce était réputé avoir acquis ses biens par la fraude et la rapine, non par son travail : « Homo mercator vix aut nunquam potest Deo placere » (I.

GOLDSCHMIDT. *Universalgeschichte des Handelsrechts, Stuttgart. 1801. I. p.139).* D'ailleurs les marchands indigènes, intermédiaires entre le producteur et le consommateur, étaient rares. À l'origine, comme à Athènes, les *mercatores* se recrutaient presque uniquement parmi les étrangers et les aventuriers, les non-chrétiens, surtout les juifs vivant en marge de la société féodale ; ceux-ci viennent pour la plupart des pays musulmans de la Méditerranée.

Au lieu de servir l'économie naturelle agricole, ils colportent jusque dans le nord de l'Europe des objets de luxe (riches étoffes, émaux, ivoires etc.) et des métaux précieux, importés de Syrie, de Byzance et d'Égypte ; ils pratiquent des prêts d'argent. « *Le marchand était traité en intrus comme tout étranger (forain). Ses biens, ses navires, sa personne étaient exposés à la saisie et à la confiscation, en vertu des droits d'aubaine, d'épave et de bris. Sur lui s'exerçaient, par suite du droit de représailles, les vengeances ou les reprises que le féodal se croyait en droit de pratiquer à l'encontre du seigneur ennemi dont le marchand était le sujet. Il n'y avait, ni sur terre, ni sur mer, sécurité pour une profession, dont les membres étaient par nécessité de vrais coureurs d'aventures, que l'appât du gain poussait seul à persévérer dans leur dangereuse carrière* ».[20]

On ne saurait fournir un meilleur commentaire de l'article 4 de la qu. 77 ; et cet état de fait, qui subsistait en partie au XIIIe siècle, vient donner une singulière autorité aux constatations analogues d'Aristote. Les conclusions de ce dernier ne peuvent-elles donc être admises d'une manière inconditionnée pour tous les temps et tous les lieux ? S. Thomas ne l'a pas cru, puisqu'il détermine à quelles conditions le commerce *international (res necessariae ad vitam patriae, art. 4)* peut être licite. C'est donc qu'il tient compte de l'évolution commerciale considérable de son

---

[20] BOISSONNADE, I, I, pp. 197-198).

temps. On pourra trouver sa justification du négoce timide, et accordée plutôt comme une concession *ad duritiam cor dis* que comme une adhésion convaincue à une amélioration certaine des rapports humains. Nous n'hésitons pas cependant à admirer la prudence du théologien, dont la circonspection doit faire réfléchir sur la valeur de notre état économique moderne. Sa position est, en effet, établie sur des principes qui, eux, ne changent pas, et servent de règle absolue à l'appréciation des faits économiques.

S. Thomas et la tradition chrétienne

Ces principes, S. Thomas les a reçus de l'Écriture et de la tradition ecclésiastique. Il est inutile d'insister sur la méfiance – pour ne pas dire plus -, de l'Evangile, à l'égard des biens de ce monde, et notamment de l'argent, « mammon ». Les pauvres sont déclarés bienheureux ; la vie parfaite réclame un renoncement total : l'abandon à la providence exclut le souci du lendemain.

Dans l'opuscule III *In duo praecepta caritatis et in decem legis praecepta,* S. Thomas commente ainsi le précepte de l'Exode XX, 17 : « Tu ne convoiteras pas le bien de ton prochain » : 1° à cause de l'infinité de la convoitise ; la convoitise, en effet, est quelque chose d'infini. Or le Sage doit poursuivre une fin déterminée et nul ne doit s'engager dans une voie sans fin. « L'avare, dit l'Ecclésiaste V, 9, n'est pas rassasié par l'argent » ; et selon Isaïe V, 8 : « Malheur à ceux qui ajoutent maison à maison, qui joignent champ à champ ». – Si la convoitise n'est jamais rassasiée, c'est parce que le cœur de l'homme est fait pour recevoir Dieu. D'où le mot de S. Augustin : « Seigneur, tu nous a créés pour toi, et notre cœur est inquiet jusqu'à ce qu'il repose en toi ». Donc il ne peut être comblé par ce qui est inférieur à Dieu... 2° Parce que la convoitise enlève le repos qui est bien délectable. Les cupides, en effet, sont toujours soucieux d'acquérir ce qu'ils n'ont pas et de conserver ce qu'ils ont. C'est encore l'Ecclésiaste V, II, qui écrit : « La satiété du riche ne laisse pas dormir », et d'après S. Matthieu VI, 21 : « Là où est ton trésor, là est ton cœur ». C'est pourquoi dans Luc VIII, le Christ assimile les richesses aux épines, ainsi que l'explique S. Grégoire. 3° Parce que la convoitise est la source de l'inutilité des richesses, elle est cause que les richesses ne sont utiles ni à leur possesseur ni aux autres, celui-ci ne s'en sert, en effet, qu'en les conservant. C'est ce qu'affirme Eccli. XIX, 3 « A l'homme cupide, la richesse est inutile ». 4° parce que la convoitise supprime l'égalité de la justice, ainsi Exode XXIII, 8 : « Tu n'accepteras pas de présents, car les présents aveuglent les clairvoyants et ruinent les causes justes » ; et encore Eccli. XXXI, 5 : « Celui qui aime l'or ne sera pas sans péché ». 5° Parce qu'elle tue la charité envers le prochain. Selon S. Augustin : « Plus un homme a de charité, moins il a de cupidité, et inversement », et d'après Eccli VII, 20 : « *Ne méprise pas pour de l'or ton frère bien aimé* ». De même pour la charité envers Dieu, *car nul ne peut servir deux maîtres, Dieu et Mammon,* comme il est écrit Mt. VI, 24. 6° Parce que la convoitise produit toutes les iniquités, elle est la racine de tous les maux, selon I. Tim. VI, 10. Aussi lorsque la convoitise est ancrée dans le cœur, elle est cause des homicides, des vols et de tous les maux. *« Ceux qui veulent être riches tombent dans la tentation, et dans le piège du diable, et dans une foule de désirs insensés et funestes qui plongent les hommes dans la ruine et la perdition. Car c'est la racine de tous les maux que l'amour de l'argent* » (Tim. VI, 9. *Remarquons que la cupidité est un péché mortel lorsqu'elle convoite sans raison le bien du prochain, mais péché véniel quand c'est avec modération* ».

Les Pères de l'Église s'étaient inspirés des mêmes enseignements. Ils ont prononcé contre les riches les paroles sévères que l'on sait, notamment S. Basile dont le Décret de Gratien (I P., dist. 47, c. 8) transcrivait une homélie sur Luc XII, 18, en l'attribuant à S. Ambroise ; tous voient, dans le désir d'amasser des richesses, un risque spirituel pour l'âme, une occasion de péché. Comment dès lors justifier le commerce ? Ceux qui en font métier n'ont-ils pas pour unique but d'accroître leur gain ? « *Supprimez la cupidité, écrit Tertullien, et il n'y a pas de raison pour le gain ; et s'il n'y a pas de raison pour le gain, il n'y a pas besoin de commerce* ». D'ailleurs comme le marchand n'ajoute rien à la valeur des produits qu'il colporte, ce qu'il gagne n'est-il pas une perte pour l'acheteur et par suite un vol ?[21].[22].

Un autre motif constant de la condamnation du commerce est le souci excessif qu'il requiert des affaires de ce siècle, et qu'il détourne de la pensée de Dieu. Le *Décret* de Gratien (I P., dist. 88, cap. 12) cite le commentaire de S. Augustin sur le fameux verset 15 du Psaume 70 : *Quoniam non cognovi litteraturam...* (cf. S. Thomas, qu. 77, art. 4, diff. I) : *« C'est à bon droit que le négoce est appelé tel, parce qu'il ne cherche pas le vrai repos qui est Dieu* ». Il est remarquable que le Décret ne cite pas l'atténuation que S. Augustin lui-même apporte à cette conception que S. Thomas reprend, cependant de l'art. 4, pour justifier le commerce. S. Léon le Grand exprimait lui aussi un jugement plus modéré, estimant que le gain peut être honorable ou déshonorant selon la manière dont le négociant dirige son commerce. Toutefois, en raison de l'importance suprême du salut, et de l'obligation spéciale de l'union à Dieu qui incombe aux clercs, la législation ecclésiastique, dès l'origine, interdit au clergé de s'engager dans les opérations commerciales. Si les clercs ont à pourvoir à leur nourriture, à leur vêtement et à leur habitation, qu'ils

---

[21] Cf. ALCUIN, Opus. 5, *De virtutibus et vitiis,* cap. 19 ; P. L., t. CI, col. 627-628.

[22] *De Idololatria,* cap. II ; P. L., t. I, col. 676. – Sur la condamnation de l'avarice et de la cupidité au moyen-âge, cf. *Décret de Gratien,* dist. 47, c. 7-8, et F. SCHAUB. *Der Kampf gegen den Zinswucher, ungerechten Preis und unlautern Handel in Mittelalter.* Fribourg en Brisgau, Herder, 1905, P. 10, note 2 ; p. 204 et passim. Sur la réputation de cupidité des marchands d'Arras, dès le XIIe siècle, cf. GUIBERT DE NOGENT, *Histoire de sa vie,* édit. G. Bourgin, p.223.

s'adonnent à l'agriculture et aux métiers manuels ; ils produiront ainsi quelque chose d'utile, tout en s'affranchissant des tentations inhérentes au commerce. – (on lira dans S. RAYMOND DE PENNAFORT, *Summa,* lib. II, tit. 8, § I, la législation ecclésiastique du XIIIe siècle sur le commerce licite ou prohibé).

Antérieurement au XIIe siècle, il est indéniable qu'une telle législation dans l'Europe occidentale était bienfaisante ; elle modérait la cupidité et s'adaptait aux besoins, ne nuisant en rien à la circulation restreinte des marchandises ; elle ne freinait tout au plus que le négoce des articles de luxe destinés aux princes et aux nobles. Lorsqu'au XIIe et XIIIe siècles, l'accroissement des villes, le développement industriel, l'établissement des marchés, l'extension des relations internationales et les besoins d'argent, créent un état économique nouveau, le problème moral des contrats entre acheteur et vendeur, débiteur et créancier, se présente sous un tout autre aspect. On ne pouvait fermer les yeux sur les services indéniables que le commerce rendait à la société, et sur ce fait que, dans la classe nouvelle des négociants, beaucoup ne cherchaient qu'une chose : se procurer le nécessaire pour vivre. Dès lors le problème se pose de savoir si le commerce est une source normale de revenus.

Rien n'est plus délicat en période de transition, que de faire le départ entre les valeurs justes et durables qu'il faut consacrer, et les excès ou vices à réprouver. Or, si les négociants avaient la tâche ardue de se réhabiliter devant la doctrine traditionnelle, ils se rendirent souvent coupables de violence ou d'abus dans la revendication de leurs libertés et de leurs droits. Ils livrent l'assaut au pouvoir seigneurial, laïc ou ecclésiastique, afin d'obtenir des exemptions fiscales et une juridiction spéciale qui garantisse la sécurité de leurs personnes et de leurs biens. Des émeutes répétées, qui prennent parfois le caractère d'une lutte de classes, parviennent à secouer le joug féodal. C'est par le meurtre, que les bourgeois de Laon, de Vézelay, de Sens etc, se débarrassent de leur évêque ou de leurs abbés rapaces et oppresseurs. La réaction était inévitable. La haute féodalité, parfois même l'État monarchique, tentent d'enrayer la révolution par des répressions souvent atroces. L'Église fait une guerre implacable aux communes. Les canonistes ou les Saints : Yves de Chartres, Bernard de Clairvaux etc. sont unanimes dans leur réprobation. L'Abbé Guibert de Nogent exprime l'opinion générale par ces mots : « *Commune, nom nouveau, nom détestable* ».

Il faut citer un extrait du sermon de Jacques de Vitry aux bourgeois : « *Cette détestable race d'hommes court tout entière à sa perte ; nuls parmi eux, ou bien peu, seront sauvés ; tous marchent à grands pas vers l'enfer. Comment, en effet, pourraient-ils jamais expier les iniquités et les violences dont ils se sont rendus coupables ?... Ce qu'il y a par-dessus tout de détestable dans ces Babylone modernes, c'est qu'il n'existe pas de communes où l'hérésie ne trouve ses fauteurs, ses receleurs, ses défenseurs, ses croyants. Les uns grassement payés par l'hérétique, le protègent par cupidité ; ils favorisent les ennemis de Dieu, les renégats de la foi, les traîtres au crucifix. Les autres adhèrent aux fausses doctrines, parce qu'elles leur permettent de ne point restituer le produit de leurs vols et de leur usure* » (A. LUCHAIRE).

C'est qu'en effet, les premières tentatives communales coïncident avec le début de l'éveil de la raison indépendante. C'est parmi les commerçants que se développe l'esprit laïc, hostile aux clercs, et que les hérésies se multiplient. Lettrés aussi bien qu'artisans et paysans n'hésitent pas à s'attaquer par la force à l'aristocratie ecclésiastique, lorsqu'elle détient les monopoles politiques et sociaux. Aussi, les voit-on parfois se livrer à des excès irréligieux, à des parodies sacrilèges, comme à Corbie, à Saint-Valéry sur Somme, et à Saint-Riquier. Les excommunications renouvelées restent sans effet, la foi s'altère dans les âmes, le respect pour les choses saintes diminue. Si l'on songe que la foi est le principal fondement du régime social du XIIIe siècle, on conçoit la défaveur, sinon l'hostilité, légitime que l'Église et ses théologiens devaient garder pour ce vaste mouvement démocratique issu de la renaissance du commerce et de l'industrie.

Nous avons parlé plus haut de la prudence du jugement de S. Thomas sur la légitimité du commerce ; les lignes qui précèdent justifient cette conclusion. Faisant abstraction des excès difficilement évitables, tenant compte des nécessités nouvelles, se dégageant des conclusions aristotéliciennes, critiquant le contenu des textes scripturaires et l'exacte portée de la tradition ecclésiastique, S. Thomas, n'hésite pas à écrire que le gain, but des opérations commerciales, ne comporte en lui-même rien de vicieux ni de contraire à la vertu. S'il ne dit pas que la richesse est un moyen de mieux réaliser la fin de la société et des individus, il légitime franchement la recherche, la possession et l'usage des biens extérieurs ; théologien, il a surtout le souci de déterminer leur rôle et leur mesure. Les biens matériels sont bons, dès là qu'ils servent la fin de l'homme « *appetitus rerum exteriorum... in tantum caret vitio in quantum continetur sub regula sumpta ex ratione finis » ;*

-La règle fondamentale de la morale en matière économique, telle qu'elle est analysée par M. R. PICARD et rapportée dans le Bulletin de la société française de Philosophie ; séance du 27 mai 1933. P. 110. « *Au fond, je me demande si nous n'avons pas péché contre la vertu fondamentale que la morale antique recommandait : la vertu fondamentale que la morale antique recommandait : la vertu de la modération. Il y a eu comme une sorte de démesure dans l'appel à la production, dans l'appel au progrès technique, dans le désir d'édifier très vite des fortunes très grandes, et ce serait à ce manque de modération que nous devrions la crise. La crise est certainement justiciable de moyens économiques... mais, à mon avis, la crise est aussi justiciable de méthodes morales qui peuvent se résumer dans le retour à la modération. »*-

Vouloir acquérir ou amasser plus que de raison, est faire acte d'avarice, « *péché contre les choses destinées à l'usage de l'homme* » ; et parce la surabondance des- uns entraîne nécessairement la pénurie chez les autres, on devra garder en toute négociation un grand respect des droits du prochain, veiller à ne pas s'enrichir à ses dépens.

Toute la morale économique est réglée par la loi de la fin qui prime l'intérêt personnel et condamne *l'immoderatus amor habendi.* Or, dans l'ordre de l'acquisition des biens, il y a des procédés qui, de ce chef, paraissent plus dangereux et mènent plus facilement aux excès. L'avarice qui rend esclave des choses matérielles n'a-t-elle pas pour associées : la fraude, la trahison, le mensonge, le parjure, l'inquiétude, la violence, la dureté de cœur ?

De fait, *le commerce peut corrompre les mœurs, l'infiltration des étrangers qui importent les marchandises est un élément de trouble dans la vie sociale.* Aussi bien constate-t-on une défiance instinctive et invétérée contre les gens du dehors. Les textes du XIIIe siècle nous montrent combien on suspecte les étrangers d'avoir des intentions de « *mal faire* » et *d'être à l'affût d'un « bon coup* » (14). De plus *il y a danger que tout devienne vénal dans la cité ; que la bonne foi disparaisse, que la fraude se donne libre cours ; que la poursuite du profit personnel ne porte à mépriser le bien commun.* Tel cet échevin drapier de Douai, Boinebroke, dont le cas est bien représentatif et qui n'a qu'un but exclusif : « *s'enrichir et s'enrichir toujours, partout et n'importe comment. C'est une passion insatiable qui dirige et détermine tout et qui donne à sa figure son trait caractéristique ou de lui-même, il ignore quoi que ce soit. Rien ne l'émeut et ne le touche que ce qui lui profite ou le dessert, rien n'est pour lui honnête ou malhonnête, mais tout est profitable ou nuisible...*

C'est le contraste le plus entier avec toute idée de générosité et même de justice, c'est l'égoïsme dans tout ce qu'il peut avoir de plus dur et de plus méprisant, avec une pointe de moquerie, de "gouaillerie" qui se comprend aisément, et avec toutes les conséquences sociales d'un pareil vice poussé à l'extrême »[23].

Enfin il y a danger qu'on perde *le goût de la vertu lorsqu'on voit l'honneur, qui doit normalement récompenser la vertu, devenir « vénal » et attribué aux riches, lesquels jouent un rôle prépondérant dans l'activité économique et politique de la cité.*

-Cette dernière remarque vaut pour tous les temps. Malgré le mauvais renom des marchands à Athènes, on les voit parfois jouir de grand prestige dans l'assemblée du peuple. Le grand négociant occupe une place honorable dans la société. C'est ainsi que Chrysippe se recommande aux juges de sa qualité de gros importateur[24]. Périclès lui-même fait l'apologie des artisans et des marchands. Ces faits doivent être interprétés comme l'aveu de la contribution du commerce à la prospérité économique et à la grandeur d'une nation.

Le patricien douaisien qui dirige tout un monde d'entreprises auquel tout réussit, et qui abuse de sa force, n'est-il pas appelé par les travailleurs eux-mêmes *« sire »* ou *« seigneur Boinebroke »* ? C'est l'argent qui est la mesure des valeurs et distingue les classes sociales. Les commerçants capitalistes ont pris la tête du mouvement économique et ne sont pas loin d'être les « classes dirigeantes » de la vie sociale et politique.

Il serait aisé de gloser ces fines remarques du *De Regimine Principum,* et plus encore d'en montrer le caractère quasi

---

[23] G. ESPINAS, *La Vie Urbaine de Douai au moyen-âge*, Paris, Picard, *1913, t.* II. P. 849 ; cf. p.858.
[24] Démosthène, C. *Phormion,* XXXIV, 6).

prophétique, en constatant leurs réalisations dans notre état économique moderne, et déjà un siècle après la mort de S. Louis, alors que la misère était devenue générale. Voilà qui n'est pas fait pour atténuer la sévérité du jugement à porter sur les excès du capitalisme. Nul ne peut nier, en effet, que certaines formes du négoce contemporain ne soient condamnables devant la morale chrétienne. Il y a notamment trop d'intermédiaires inutiles qui « *travaillent, font des affaires* » - sans profit pour personne que pour eux-mêmes.

Mais quoi qu'il en soit des dangers et des excès, le commerce est utile : « *Il ne faut pourtant pas, bannir tout à fait les négociants de la cité car il est rare de trouver un lieu où se rencontrent en abondance tous les objets nécessaires à l'entretien de sa vie, et qui puisse se passer des produits importés du dehors. Il en est aussi de même pour toutes les ressources que la ville possède en quantité : leur abondance même deviendrait fâcheuse pour beaucoup, si l'intervention des marchands ne permettait de les écouler ailleurs. C'est pourquoi la cité parfaite devra se servir des marchands, mais d'une façon modeste* ».[25]

Ainsi c'est pour le bien commun et donc au nom de la justice sociale, que S. Thomas confie aux marchands le *service* des importations, service qui se réduit à celui des besoins humains. – S. Thomas n'a pas dû ignorer la devise de la ligue Hanséatique, qui faisait du commerce une fin se suffisant à elle-même : « *Il est nécessaire de naviguer, mais il n'est pas nécessaire de vivre* ». – Si cette fin fait défaut, si le commerce n'est plus *utile* à la communauté, il devient moralement mauvais. C'est que le négociant recherche dans le commerce uniquement un gain. Il n'en a pas le droit. C'est la fin extérieure des valeurs économiques qui doit s'imposer à son activité personnelle et lui fournir sa règle et ses limites. « *Par*

[25] G. ESPINAS, *La Vie Urbaine de Douai au moyen-âge*, Paris, Picard, 1913, t. II. P. 849 ; cf. p.858.

suite le commerce doit avoir conscience de remplir un devoir envers l'humanité et il doit ne considérer son gain que comme la récompense juste et nécessaire de sa peine personnelle ». La profession de commerçant est de pourvoir aux besoins de la nation.

On ne sera pas surpris que Léon XIII ait repris dans l'Encyclique *Rerum Novarum* le double aspect de la doctrine de S. Thomas. D'une part, il demande que la répartition de l'abondance soit subordonnée à cette fin plus haute qui est le service de tous, et il n'hésite pas à écrire : « ***Ce qui fait une nation prospère... c'est le progrès de l'industrie et du commerce* »,** mais par ailleurs, il dénonce le vice de ces commerçants qui mettent leur intérêt privé au-dessus du bien de la communauté : « ***Le monopole du travail et des effets de commerce (sont) devenus le partage d'un petit nombre de riches et d'opulents qui imposent ainsi un joug presque servile à l'infinie multitude des prolétaires... Il existe une faction qui domine par ses richesses, parce qu'étant maîtresse absolue de l'industrie et du commerce, elle détourne le cours des richesses et fait affluer en elle toutes les ressources ; faction qui, d'ailleurs encore, exerce une influence considérable sur l'État* ».**

Aristote et S. Thomas l'avaient bien dit !!!... Serait-ce trahir leur pensée de dire, qu'à la différence de la production agricole et industrielle, le commerce est essentiellement une fonction sociale ? La morale des négociants deviendrait alors singulièrement exigeante. On pensera que de nos jours, elle est inobservable, mais les avocats, les médecins etc, ne connaissent-ils pas des difficultés analogues ? C'est le monde social moderne qui est malade.

Le commerce est soumis aux lois du marché. Les prix des marchandises sont dépendants de l'offre et de la demande, sans facteur de monopole commercial. La concurrence est conçue, notamment dans les Etats-membres de l'Union

Européenne avec la libre circulation des personnes et des biens. Ces critères définis font fi des principes de l'Église dont la doctrine traditionnelle touche la propriété, que nous allons évoquer, maintenant, mais aussi et surtout le travail et sa valeur intrinsèque. Dans un monde livré à l'agiotage et à la spéculation, où le sens de la probité s'évanouit, où chacun tend à fuir le travail, les charges et les responsabilités qui grèvent la propriété et à s'enrichir facilement par un commerce sans contrôle et sans fin de l'argent. Ce sont toujours les faibles et les pauvres qui sont victimes des escroqueries financières. Peu importe si la forme juridique de l'abus a changé. S. Thomas nous fait souvenir que les valeurs sociales doivent s'apprécier non d'après l'utilité, mais d'après la justice, que la fin de l'homme est dans la réalisation de sa destinée immortelle ; que l'argent et les entreprises économiques, enfin, ne sont que des moyens matériels qui doivent concourir au bien de l'homme. On ne saurait donc, au terme de notre propos sur le commerce, nous adresser le reproche de Socrate à Hippias : « ***Que vous, les Sages, vous soyez sujets aux variations, voilà ce qui est terrible pour nous-mêmes, car alors nous aurons beau recourir à vous, nous ne serons pas tirés de nos incertitudes » (Hippias mineur).***

Le droit de possession dans l'économie politique de S. Thomas

(*Polit. I, 6-9*).

Pour être correctement comprise, la théologie morale de S. Thomas sur la propriété, la vente et l'achat, le prêt à intérêt etc, suppose connue sa philosophie générale de la richesse et des échanges dans la cité, empruntée à Aristote.

-L'étude de la richesse relève de trois disciplines : l'éthique, l'économique, la politique. Le point de vue de la famille est prépondérant, car la famille est l'élément primordial de la cité, d'où le nom de « *théorie économique* ». L'association des familles forme le village, et l'association des villages, l'État ; ce dernier se suffit à lui-même, il est la fin de tous les autres groupes. De nos jours la richesse est envisagée surtout dans son rapport avec l'individu ou l'État, et de là vient le nom d'« *économie politique* ».

Il est en tout cas certain que S. Thomas « *créateur de l'exégèse littérale* » vise avant tout à élucider l'*intentio Aristotelis* par une pénétration soigneuse des *verba Aristotelis.*

Cette objectivité dans l'interprétation ne laisse pas de soulever bien des difficultés sur la valeur de la construction rationnelle élaborée à partir d'une expérience sociale et politique désuète. Il nous faut tenir compte des modifications profondes apportées dans la vie économique du XIIIe siècle au vieux régime de la Grèce du IVe siècle avant notre ère ? Comment, dès lors, ses principes théologiques sont-ils toujours valables pour la société médiévale et à plus forte raison pour la nôtre ?

Toujours est-il que la connaissance exacte des observations et des analyses de l'économie politique aristotélo-thomiste est indispensable pour apprécier la valeur et la portée des règles de justice fixées dans la Somme théologique à propos du droit de propriété, de la fraude commerciale, de l'usure, etc.

De la possession en général

Le premier livre des *Politiques* est consacré à l'étude de la famille. Le chef de famille peut donc être envisagé comme époux, père, maître, possesseur. Les considérations sur la richesse seront-elles-mêmes suivies d'une étude sur le pouvoir du mari sur sa femme et du père de ses enfants ; ce sont encore des « avoir ».

L'homme libre, tient à ce qu'il peut se gouverner lui-même.

-Le comte LEFEBVRE DES NOETTES, a établi les bases de la société antique ; elles s'imposent comme une nécessité tant que les progrès relativement récents de la technique ne permirent pas à Aristote de distinguer entre l'acquisition économique qui a pour objet de fournir les subsistances nécessaires à la famille, mais dont la limite est fixée par les besoins mêmes de chaque groupe familial, besoins qui ne sont pas infinis, et la chrématistique qui vise à l'acquisition des richesses quelles qu'elles soient, et de façon plus précise l'accumulation de la monnaie. Cet accroissement des sommes possédées peut-être infini, et la Philosophie le condamne comme immoral, en particulier dans sa dimension démesurée puisque c'est la modération qui permet de reconnaître la vertu quand elle se rencontre dans le monde. On n'a pas le droit de trafiquer de tout, en vue du gain, - qui est lui-même l'instrument de toutes les jouissances, - sans se préoccuper de vivre comme il faudrait.

S. Thomas, à son tour, traitera donc de la possession de la nourriture et des choses nécessaires à la vie, et en second lieu seulement de la possession de l'argent.

La première possession : l’acquisition de la nourriture

– La question de posséder se présente comme une question de gagner sa vie. Il faut vivre et on ne peut vivre sans manger ; aussi les genres de vie se diversifieront selon la manière de se procurer de la nourriture. Voilà pourquoi nous voyons les animaux vivre en groupe ou isolés selon que cela leur est utile pour trouver à se nourrir ; les uns, en effet, mangent des fruits, les autres des animaux ; ces derniers vivent à l’état isolé afin de pouvoir mieux poursuivre et dévorer leur proie ; les premiers, au contraire, qui trouvent aisément leur nourriture vivent en troupeaux. On peut songer à l’association instinctive des abeilles, des fourmis, etc.

Pour les hommes, la même loi s’applique, et comme l’on peut discerner trois façons de se procurer de la nourriture, l’on aura trois genres de vie :

Le plus simple, qui ne demande ni effort ni conquête, est celui des *pasteurs,* qui sont les plus paresseux *(otiosissimi) ;* ils acquièrent, en effet, sans peine les aliments fournis par les animaux domestiques, les brebis par exemple. Leur seul travail est de suivre les troupeaux qui se déplacent pour trouver de nouveaux pâturages. C’est comme s’ils cultivaient un champ qui se transporterait.

D'autres s'emparent de leur nourriture par la conquête *(praeda),* soit sur d'autres hommes, c'est le cas des *brigands,* soit dans les eaux des étangs, des marais ou des rivières, ce sont des *pêcheurs,* ou dans les champs et les forêts, tels sont les *chasseurs.*

Enfin un troisième mode de vie consiste à se procurer les fruits de la terre et à les transformer pour obtenir une nourriture convenable, c'est ce que font les *agriculteurs.* Évidemment ces modes simples peuvent se mêler et se compléter.

Quelle est la valeur de ces appropriations ?

– Ces appropriations sont *naturelles* au premier chef.

« *La production est l'exploitation directe du terrain occupé grâce à laquelle on se procure les subsistances, sans recourir à l'échange. Elle tire du sol les choses utiles à la vie. Elle est vraiment créatrice de richesses. Elle comprend le pillage, la pêche, la chasse, l'élevage et l'agriculture* ».[26]

L'assimilation de l'homme à l'animal est suggestive à cet égard. Il est remarquable, en effet, que la nature pourvoit à la subsistance des animaux, dès les premiers instants et tout le temps de leur génération.

Ainsi lorsque les animaux n'engendrent pas un animal parfait, comme c'est le cas des oiseaux, mais pondent des œufs, il y a dans l'œuf tout ce qu'il faut pour nourrir le petit jusqu'à son développement normal ; le poussin né du blanc d'œuf *(generatur ex albo ovi)* se nourrit du rouge *(rubeum cedit in nutrimento).* Lorsque les animaux engendrent un animal normalement développé, les chevaux par exemple, la jument a en elle-même pendant quelque temps la nourriture nécessaire au poulain, *qui quidem cibus vocatur lac.*

---

[26] M. DEFOURNY. *Aristote. Études sur la « Politique ».* Beauchesne, 1932, pp. 7-8.

Mais si la nature pourvoit de la sorte et dès cet instant à l'alimentation des animaux, elle ne peut les laisser sans nourriture par la suite. De fait, les plantes sont pour les animaux qui s'en nourrissent.

Lorsque quelqu'un acquiert ce que la nature a fait pour lui, cette acquisition est naturelle. Cette façon d'entrer en possession des choses nécessaires à la vie est donc foncièrement naturelle.

On peut affirmer qu'il est aussi *naturel* à l'homme de posséder que de gagner sa vie, c'est indispensable à l'économie et à la politique.

– Cette possession est subordonnée *(subministrativa),* puisqu'elle est faite pour le service de l'économie domestique et politique. Aussi devra-t-elle être dirigée et réglée par celui qui dirige la maison et la cité, lequel doit, en effet, pourvoir aux nécessités et aux besoins vitaux de la société qu'il gouverne.

– On voit par- là que cette possession sera *limitée.* Puisque l'on demeure dans l'ordre des *vraies richesses, c'est-à-dire tirées de la nature même et pouvant réellement combler les besoins de l'homme,* entendons : pour que l'homme ait ce qu'il faut pour vivre : *ut scilicet homo sitsibi sufficiens ad bene vivendum ;* de telles productions et acquisitions ne sauraient être sans fin. On verra plus loin que dans l'acquisition de l'argent, au contraire, il n'y a pas de mesure parce qu'il n'est pas une vraie richesse et ne peut combler l'appétit de l'homme.

Que les richesses qui consistent dans les choses nécessaires à la vie soient limitées, le Philosophe le prouve ainsi : les instruments ou les outils d'un art ne peuvent être infinis en nombre ou en grandeur ; un forgeron n'a pas un nombre infini de marteaux ou un marteau en quelque sorte infini. Or les possessions naturelles peuvent être considérées comme des instruments aux mains du chef de la maison ou de la cité. Il faut donc des quantités déterminées de ces richesses, elles ne sont pas infinies.

L'acquisition de l'argent (de *possessione pecuniativa*)

Comment peut-on passer de cette façon si naturelle de posséder à une autre qui l'est moins ? L'une est fondée dans la nature, l'autre ne l'est pas, mais l'une et l'autre ne sont pas sans rapport, car avec de l'argent on peut se procurer les choses nécessaires à l'existence et inversement.

– « *Pecunia est propter commutationes* » ; « *denarii introducti per legem* » ; « *pecuniativa commutatio est introducta per legem* » Ce caractère conventionnel de la monnaie serait exprimé selon Aristote par son nom même : *convention* cf. Eth. V, 5 et S. Thomas V, 9. Le latin *pecunia de pecus, bétail, troupeau,* souligne le mode primitif de l'échange, du *medium* d'évaluation ; telle est du moins l'étymologie de S. Augustin-.

Nature de la possession pécuniaire. Elle s'est introduite par la voie du droit positif, en raison des échanges et de la circulation des richesses. Or l'échange, par rapport à la réalité même des choses échangées, est encore un usage normal de ces choses. Il y a, en effet, pour chaque chose un double usage possible, l'un propre à la chose même : l'usage d'une chaussure est de chausser le pied ; l'autre est de se la passer en échange (*commutatio),* on échange une paire de chaussures contre du pain ou un vêtement. Cet usage est commun à toutes choses et il est aussi normal que le premier : « *est enim uniuscujusque rei duplex usus, et conveniunt in hoc quod uterque est secundum se et non per accidens »,* car celui qui fait d'un objet une matière d'échange l'utilise à sa valeur. L'échange reste ainsi chose naturelle, et naturelle comme la nécessité où l'on est de s'entraider pour vivre. Sans l'échange, dit Aristote (Eth.V, 5), la société ne serait pas possible ; et d'autre part la société est nécessaire, puisque l'homme est « *un animal politique* » (Polit. I, I).

Mais tout échange n'est pas pour autant légitime ; on peut le faire en argent ou en nature.

L'échange naturel (commutatio naturalis) consiste à échanger telles quelles les choses que la nature fournit pour les nécessités de la vie humaine, selon le besoin où l'on en est d'une part, et l'abondance qu'on en a d'autre part. Si, par exemple, les uns ont davantage de vin et les autres de pain, on échangera ces produits jusqu'à ce que les uns et les autres aient ce qu'il leur faut.

Tant qu'il n'existe que le foyer domestique, c'est-à-dire pas de spécialisation de production ou de division du travail, il n'y a pas d'échange à proprement parler, mais une distribution entre les divers membres du groupe domestique. Dès que l'on passe à une communauté plus ample (bourg, cité, nation), cet échange devient nécessaire et c'est dire en même temps qu'il reste dans l'ordre naturel des choses. S'il y a pénurie dans tel lieu des denrées indispensables, et abondance en tel autre, l'échange est le moyen naturel de parer aux insuffisances de la production domestique ou de la cité.

L'échange en argent (commutatio pecuniaria) n'est plus un mode d'acquisition aussi naturel que le précédent ; mais comment et par quels degrés s'éloigne-t-il du naturel ?

– Une première espèce d'échange en argent *(prima inventio),* instituée conformément à la raison *(secundum rationem inventa)* ne se pratique que pour faciliter les échanges des denrées nécessaires à la vie ; elle a lieu dès là que l'entr'aide, que les hommes se doivent, s'étend et se fait plus « voyageuse » « *Cum auxilium hominum ad invicem per commutationes esset factum magis peregrinum* » Aristote disait : « *Lorsque l'aide mutuelle par l'importation des choses dont on manquait et par l'exportation de celles dont on regorgeait, s'éteint sur un plus large cercle, l'usage de la monnaie s'introduisit comme une nécessité...* » Polit. I, 3. C'est ici qu'il faudrait insérer le *crédit* qui, avec l'échange, constitue l'essentiel de la circulation des richesses. Celle-ci n'est, d'ailleurs, qu'un mode d'organisation du travail dont le but est toujours de faciliter la production.

Lorsque les échanges s'opèrent non plus entre proches, mais dans un cercle plus vaste et avec des hommes éloignés, le troc direct des objets que l'on possède contre ceux dont on a besoin devient malaisé. Il est difficile de transporter au loin des objets nombreux et encombrants, fragiles ou corruptibles. Voilà pourquoi l'on convint de donner et de recevoir dans les échanges une matière qui, utile par elle-même, fût aisément maniable dans les usages habituels de la vie. Et ce fut l'invention de la monnaie : « *propter istam necessitatem inventus est usus denariorum* ». Ce rôle de la monnaie peut être joué par des marchandises très diverses ; on se servit des métaux, de l'airain, du fer, de l'argent, etc, ils sont utiles par eux-mêmes puisqu'on s'en sert pour fabriquer des vases et d'autres objets, et, par ailleurs, ils peuvent être facilement portés dans un endroit éloigné puisqu'une petite quantité de ces métaux, à cause de leur rareté, vaut beaucoup d'autres choses ; absolument comme maintenant, remarque S. Thomas, où les hommes qui doivent faire un long voyage emportent pour leurs dépenses, au lieu de deniers d'airain, des métaux rares et donc « *précieux* », de l'argent ou de l'or ; nous ajouterions aujourd'hui, grâce au crédit, des billets de banque ou un carnet de chèques ou une carte bleue visa ; on peut mentionner la traite commerciale et les titres au porteur et à ordre, utilisés dès le XIIIe siècle par les Génois, les Marseillais, etc.

Au début cette monnaie fut seulement fixée par le poids et la quantité du métal. Lorsqu'une marchandise, par exemple, vaut un poids d'or déterminé, la monnaie, qui était l'un des deux éléments de la transaction, représentait l'étalon de sa valeur.

– Aristote ne mentionne pas l'or, encore qu'il fût connu avant l'argent ; mais celui-là se présente généralement à l'état pur, celui-ci à l'état d'alliage, de minerai. *« C'est pourquoi, dans Homère, l'argent et le cuivre paraissent plus appréciés, parce que plus rares, que l'or »*. CH. GIDE, *Principes d'Économie politique, 1926,* p. 268, note. D'après *Hérodote,* Clio I, 94. « *les Lydiens sont les premiers à notre connaissance, qui frappèrent et mirent en usage la monnaie d'or et d'argent ; les premiers aussi qui firent le commerce de détail »*. Il n'a guère circulé en France, avant S. Louis, en fait de pièces d'or, que des monnaies étrangères. Mais vers la fin de son règne S. Louis pour la première fois émit, à côté de la monnaie d'argent, des monnaies d'or qui prendront vite une place considérable dans la circulation monétaire. Ptolémée de Lucques y fait peut-être allusion dans la partie du *De Regimine principum* II, 14, qu'il a rédigée.

Autre point d'éclaircissement sur les prestations en nature qui étaient moins en usage au Moyen Âge. La quantité monnayée de métaux précieux était relativement rare et vu cette circulation restreinte, paraissait vite importante. Richesses et trésors s'accumulaient sous forme de métaux non monnayés, pièces d'orfèvrerie, vaisselle plate etc. C'est au XIVe siècle, avec les tentatives de Philippe le Bel, que l'étude de la loi monétaire se dégagera des données élémentaires d'Aristote et de S. Thomas. Cf. E. VAN ROEY. *La monnaie d'après S. Thomas d'Aquin. Sa nature, ses fonctions, sa productivité dans les contrats qui s'y rapportent* dans Revue Néo-Scolastique, t. 12, 1905. Notons enfin, qu'ISIDORE DE SÉVILLE, Etym, définissait aussi la monnaie par ces trois éléments essentiels : le métal, l'effigie, le poids.

Mais par la suite, pour se libérer de l'embarras continuel des pesées et des mensurations, on marqua les lingots d'une empreinte conventionnelle, signe de sa valeur, exprimant qu'il représente telle quantité. Ce sont les signes monétaires. Il est donc évident que les deniers furent d'abord inventés pour les échanges des choses nécessaires, et par la suite que cet emploi de la monnaie est aussi naturel et nécessaire que l'échange.

En outre la monnaie n'a pas seulement été adoptée pour faciliter les transactions, mais pour réaliser une exacte proportion entre des matières par trop inégales, dès lors, en effet l'argent apparaît dans sa fonction de médiateur universel. Un savetier ne saurait troquer une maison contre un nombre considérable de chaussures. Il faut une matière intermédiaire d'échange pour échanger équitablement tous les biens. *« La société*, dit Aristote, *n'est pas possible sans l'échange. L'échange lui-même n'est possible que si l'on établit un rapport d'égalité entre les biens. Sans commune mesure il n'y a pas de rapport d'égalité* » Eth. V, 5 ; S. Thomas.

Cette commune mesure est double. Dans la réalité des choses, c'est le *besoin,* l'indigence humaine. C'est bien une mesure car les choses qui seront ainsi échangées s'apprécieront d'après le besoin de chacun et non selon la valeur intrinsèque des propriétés de ces choses ; sinon une souris serait plus précieuse qu'un diamant puisque c'est un être animé ! et par ailleurs si les hommes n'en avaient pas besoin, ils ne donneraient pas ce qu'ils possèdent pour obtenir ce qui ne leur sert de rien, ce serait la fin de l'échange. – Cette utilité, qui répond à un besoin et mesure la valeur des choses dans les échanges, est à la base de la loi de l'offre et de la demande.

Cependant, les besoins sont trop variés et trop inégaux ; de plus ils ne sont pas tous immédiats, certains peuvent être à échéance plus ou moins lointaine ; enfin beaucoup ne peuvent trouver satisfaction sur place. Soit par exemple, deux personnes dont l'une possède aujourd'hui du vin en abondance et ne manque pas de froment ; l'autre a également du froment à revendre, mais manque de vin. Or dans quelque temps la première manquera de froment. Tant qu'elle a tout le nécessaire elle n'a pas à échanger ce qu'elle possède contre ce qui ne lui sera pas utile ; mais contre de la monnaie elle peut vendre du vin à la seconde personne, et grâce à cet argent pourvoir par la suite à ses propres besoins.

C'est dire que la *monnaie* est une commune mesure inventée non seulement pour l'utilité de la matière dont elle est faite, mais en raison de son pouvoir d'achat, l'argent remédie à la difficulté de faire coïncider les besoins des uns et des autres dans l'espace de l'échange. Avec l'argent il est possible de repousser l'échange et de ne l'actualiser pour celui qui le reçoit, que lorsqu'il trouve un bien qu'il souhaite avoir. Son rôle s'ajoute à celui de la mesure précédente, elle garantit contre les besoins éventuels. Grâce à elle, toutes les denrées naturelles, tous les produits manufacturés, toutes les richesses peuvent être mises à « prix », - Le *prix* est, en effet, l'expression de la valeur d'échange d'un objet ; c'est cette valeur mesurée en monnaie - « *Sic denarium fit quoddam medium in quantum omnia mensurat, unde oportet omnia appreciari denariis* » Polit. I, 7 ; (Eth. V, 9). Cette commune mesure permet donc d'évaluer ce qu'il faut d'une chose pour en avoir une autre.

Cette évaluation qui est en grande partie de droit positif devra cependant se maintenir en rapport avec le besoin qu'on a de ces choses, car ce n'est pas une mesure toute arbitraire mais suppléant, s'ajoutant à la mesure naturelle. « *Ainsi entendue, il est évident que la vente n'est pas par nature une partie de la chrématistique. Pour autant que c'était nécessaire à la satisfaction de leurs besoins, les hommes devaient bien pratiquer l'échange* » (10) Aristote, *Polit.* I, 3.

Il est clair que l'on devra s'efforcer d'équilibrer, par comparaison, les évaluations ; une règle de raison, de valeur absolue, corrigera celle du besoin, de l'utilité subjective.

D'autre part la monnaie ne jouera bien son rôle qu'à la condition d'être stable ; elle peut, en effet, subir des fluctuations comme les autres denrées « *non semper est ejusdem valoris* ». Toutefois, comme c'est une affaire de convention, il faut s'arranger pour régler le cours du marché monétaire, davantage même que pour les denrées. Le premier besoin d'une nation est une monnaie qui ne soit pas capricieuse, une mesure des choses qui soit fixe. – On sait que la valeur des métaux précieux avait, au Moyen Âge, une fixité relative, et le soin que prit S. Louis de faire des monnaies de bon aloi, en rétablissant leur cours sur les bases métalliques naturelles. Cependant, cette réforme fut momentanément arrêtée par les initiatives de Philippe le Bel, Philippe VI de Valois et Jean le Bon.

– À ce système s'en est adjoint un autre plus ou moins subrepticement, *(alia supervenit).* L'argent porte à faire des échanges ; il les facilite et permet de les ajuster. De plus il en étend la possibilité par cette espèce de vertu de cautionnement *(fideijussio)* qu'il a en lui. Dès qu'on se présente avec une pièce de monnaie, instantanément on doit recevoir ce dont on a besoin. On en arrive à échanger non plus de l'argent contre des denrées, mais de l'argent contre de l'argent *denarii pro denariis,* et c'est l'origine de la banque, du cambisme, où l'on fait commerce de la monnaie ; les premiers banquiers furent, en effet, des changeurs. Ce commerce se fit d'abord simplement et comme par hasard « *quasi a casu* », provoqué par l'usage naturel de l'argent et les nécessités du change, lorsque certains, par exemple, transportant des valeurs monétaires d'un pays dans un autre, les dépensèrent à un taux plus élevé que celui de leur acquisition. Par la suite, grâce à de telles expériences, on en vint à faire ce commerce artificiellement et pour réaliser des profits si considérables que cette fausse opinion s'est répandue : l'argent est la seule richesse.

Ce nouveau mode d'échange s'est constitué à part, n'ayant pour matière que la monnaie et pour but que de multiplier l'argent, *et hoc pertinet ad artem nummulariam.*

On peut regretter que S. Thomas ne soit pas suffisamment explicite sur ces intermédiaires d'argent qui se multiplièrent au cours des croisades. Les rois et les seigneurs eurent des banquiers, souvent des ordres religieux, qui facilitèrent des emprunts, des transferts d'argent, des dépôts, etc. Les registres des Papes, notamment de Clément IV (1265-1268), mentionnent les *mercatores* ou *campsores Camerae apostolicae,* cf. V. BRANTS, *Esquisse des théories économiques professées par les écrivains des XIIIe et XIVe siècles,* Louvain 1895. De fait, alors que l'économie du haut Moyen Âge est non seulement une économie essentiellement « naturelle » mais aussi une économie presque entièrement fermée, où les échanges à grande distance sont relativement rares, l'économie du XIIIe siècle voit le commerce s'étendre entre des pays éloignés, entre l'Orient et l'Occident.[27]

C'est là une transformation profonde dans toute l'organisation économique ; l'économie naturelle, où chaque groupe pourvoit, par son travail et ses produits, à ses propres besoins, fait place à une économie basée sur la monnaie où l'individu ne cherche plus à produire ce dont il a besoin, mais des objets ou du travail qui lui procureront, grâce à la vente, la

---

[27] cf. G. I. BRATIANU, *Recherche sur le commerce Génois dans la Mer Noire au XIIIe siècle,* Paris, Geuthner, 1929). D'où la naissance et le développement du change, que l'on voit apparaître à Paris en 1141 ; cf. LUCHAIRE, *Les institutions monarchiques de la France sous les premiers Capétiens,* 1883, t. I. p. 97.

plus grande somme de numéraire, donc un pouvoir d'achat aussi grand que possible pour d'autres objets, le plus souvent superflus et sans nécessité absolue. Toute la production s'organise alors en vue de la vente, et avec l'entreprise industrielle naît la classe des intermédiaires, des marchands, impitoyablement condamnés par Aristote.

« En ce qui concerne les produits de l'intérieur, on s'explique très bien l'attitude hostile du Stagirite. Le revendeur est inutile à la campagne, où les familles veulent chacune se suffire par leur production et tâchent de régler leur activité sur leurs besoins... À la ville le revendeur n'a pas davantage sa raison d'être... Producteurs et consommateurs échangent sans intermédiaire. En frappant le commerce des produits de l'intérieur, Aristote frappe tout simplement le parasitisme.

Quant au commerce des produits de l'extérieur... dans le régime économique existant, il introduit un ferment de dissolution... Famille et cité s'estiment riches et heureuses dans la mesure où elles peuvent se passer de l'étranger. La classe mercantile – qui, par intérêt, pousse au développement du commerce – apparaît comme une classe hors cadre, vivant en marge de la société, nuisible à la bonne santé sociale. Elle est suspecte à l'opinion publique. L'État la surveille de très près et l'entrave de toute manière. De plus le commerce était primitivement aux mains des Phéniciens qui voyagent par bandes et en armes, et n'hésitent pas à tenter un coup de main. Ajoutons enfin « *qu'il n'y a pas de système régulier des poids et des mesures, qu'il n'y a pas d'étalon monétaire uniforme : ils trompent quand ils peuvent. Où la violence ne réussit pas, la fraude est employée. Le négociant est une sorte de bandit et de voleur* ». Aussi ne faut-il pas s'étonner si « *la loi surveille le marchand de très près parce que sa moralité est à la mesure de son intérêt. Sa soif de l'or le rend capable de tout. Acheter à bas prix par n'importe quel moyen et revendre à prix plus élevé est son unique préoccupation* ».[28]

Caractères de la possession pécuniaire.

– Il faut se demander en premier lieu quelle est *sa valeur réelle* et, par suite, la comparer aux possessions en nature. Est-ce bien la richesse à proprement parler ? Les avis sont partagés. Si beaucoup pensent que l'argent est toute la richesse – « *On place souvent la richesse dans l'abondance d'argent, parce que l'abondance d'argent est l'objet de la vente et de la chrématistique* » Aristote ; d'autres traitent de folie (*fatuitas... stultum est dicere)* cette facilité d'accumuler de l'argent et de tout acquérir avec de l'argent, puisque la monnaie n'a qu'une valeur fictive pouvant tomber à rien « *si placeat regi vel communitati ut non valeant* ». – On illustrera cette remarque par A. LANDRY[29]. La monnaie en effet, n'est rien par elle-même, la convention et la loi qui l'ont créée peuvent également la détruire. L'on constate par surcroît que l'on peut posséder des morceaux d'or et n'avoir pas de pain pour vivre.

Aussi, à la suite d'Aristote (Polit. I, 3) qui déclare que la monnaie est une richesse vaine et purement conventionnelle, et que l'on peut en être abondamment pourvu et manquer du nécessaire, S. Thomas prouve qu'une possession qui n'empêche pas de mourir de faim est une richesse insensée dans la perte de toute mesure ; il allègue l'exemple du roi Midas qui, dans son désir insatiable des richesses monétaires, demanda et obtint des dieux que tout ce qu'il toucherait fût changé en or ; il périt de faim, car tous les mets qu'on lui servait étaient transformés en métal précieux.

En vérité ce sont là deux théories extrêmes. La vraie sagesse consiste à faire la part des choses et à reconnaître qu'il

---

[28] M. DEFOURNY, I. I., pp. 87-90.

[29] *Essai économique sur les mutations des monnaies dans l'ancienne France,* H. Champion, 1910, pp. 115-167.

y a d'autres richesses que l'argent, à savoir la possession de ce qui est nécessaire pour vivre. C'est à l'acquisition de ces richesses naturelles que doit d'abord s'attacher l'économiste. Mais le cambisme garde sa raison d'être comme manieur et fournisseur d'argent. La conclusion à ce constat semble toute trouvée : Pour toutes les raisons évoquées, il est évident que ceux qui sont largement approvisionnés des biens nécessaires à la vie sont à proprement parler plus riches que ceux qui ont une grande abondance d'argent.

– *Comment une telle richesse peut-elle devenir infinie, (Quomodo sit infinita...) ?*

« *Imaginons un producteur qui n'ait aucun excédent de richesse naturelle ou qui ait des excédents d'une richesse naturelle dont tout le monde est abondamment pourvu. D'un autre côté il souffre du déficit de certaines denrées. Pour se les procurer, il a la ressource de puiser dans sa réserve monétaire, s'il en a une. Voilà l'utilité de la monnaie. À la manifestation de cette utilité, une condition est posée pourtant dont la réalisation est indépendante de la volonté du déficitaire : c'est l'offre du produit dont il a besoin. Cette condition absente, la monnaie, tout en conservant son utilité pour le jour où l'offre sera faite, n'est pour le moment d'aucun secours ; sa possession n'est pas une garantie contre le besoin pressant.*

À coup sûr, cette condition est toujours réalisée à notre époque où partout pullulent les boutiques abondamment pourvues des denrées les plus diverses. La monnaie pour nous est un bon immédiatement convertible en richesse naturelle. Mais cet état de choses ne doit peut-être pas être projeté indéfiniment dans le passé. La situation n'était peut-être pas tout à fait la même il y a plus de deux mille cinq cents ans. Quand les boutiques de revendeurs sont rares ou limitent leur négoce à un petit nombre d'articles, quand l'échange est intermittent, il se présente des concurrences où la possession n'empêchera pas de mourir de faim, où la monnaie sera une richesse vaine. Elle reste cependant chose utile, parce qu'elle permet de profiter de toutes les occasions de s'approvisionner. On peut comprendre ainsi qu'Aristote ait écrit, d'une part, que la monnaie est une richesse vaine ou insensée et, d'autre part, qu'elle est une richesse utile ».[30]

Si l'on considère la fortune sous sa forme première où elle reste au service de l'économie naturelle, elle n'est pas sans limites ; elle se présente alors non comme une fin mais comme un moyen de fonder et de faire vivre une famille, et l'on peut savoir s'il y en a assez.

Mais sous la forme du cambisme, on recherche la monnaie pour elle-même et l'on n'a pour fin que de l'augmenter, alors c'est sans limites. Pour le prouver, S. Thomas applique ici un argument qui lui est familier, selon M. DEFOURNY, Il explique que dans tout art le désir de la fin est infini ; le désir des moyens, au contraire, ne l'est pas ; il est mesuré par son adaptation à la fin. Un médecin, par exemple, veut sans réserve obtenir la santé de son patient et il cherche de tout son pouvoir à l'assurer, mais il ne donne les remèdes que dans la mesure où ils sont bons pour la santé. Il en va ainsi de tous les arts, et la raison en est que la fin est désirable en elle-même. Or ce qui de soi est tel, sera un avantage « tel » s'il s'agrandit lui-même. Soit, par exemple, un objet dont la blancheur blesse le regard, plus cet objet sera blanc, plus le regard sera blessé. L'argent joue de sorte à l'égard du cambisme le rôle de fin, mais dans l'économie proprement dite il n'est qu'un moyen vis-à-vis de cette fin qu'est le gouvernement de la maison. Donc le cambisme recherche l'argent sans mesure, l'économie, au contraire, dans une certaine mesure.

S. Thomas remarque cependant qu'en pratique tous les « économes » cherchent à accroître leur argent à l'infini et

---

[30] M. DEFOURNY.

à échanger contre de la monnaie les biens nécessaires à la vie ; ils déploient à cet égard une activité analogue à celle des banquiers, encore que leurs fins soient différentes ; ceux-ci visent l'accroissement de l'argent pour lui-même ; ceux-là en vue de faire vivre leur famille. L'on peut discerner de ce chef trois grands abus en matière d'argent :

*Jusque dans l'idée même que l'on se fait de la vie humaine. « *ex intentione vitae humanae* ». Deux cas peuvent se présenter. Les uns, sans idéal, n'ont pas d'autre souci que de vivre d'une manière quelconque. Ils n'ont pas le désir de bien vivre, c'est-à-dire vertueusement, sinon ils sauraient se contenter du suffisant. « *Si enim intenderent vivere secundum virtutem essent contenti his quae sufficiunt ad sustentationem naturae » ;* ils n'ont donc d'application qu'à suivre leur volonté propre, et voilà pourquoi ils veulent acquérir tout ce qui peut satisfaire leur volonté ; or le désir de l'homme est infini, c'est donc infiniment qu'ils désirent ces choses qui peuvent combler leurs désirs.

D'autres ont le souci de bien vivre, mais ils estiment qu'il n'y a de bonne vie que dans les plaisirs du corps ; ils recherchent donc ce qui peut flatter la chair. Et parce qu'une grande fortune permet de se procurer toutes les jouissances, ils mettent tout leur soin à acquérir des richesses considérables.

Dans l'un et l'autre cas, on ne fait état que de l'argent qui est l'instrument de tous les plaisirs et permet de satisfaire les caprices de toute sortes.

*Par ailleurs, ceux qui ont la charge d'une maison sont entraînés, par cette charge même, à des soucis d'argent ; et cela peut provoquer deux autres abus.

Ou bien l'on recherche l'argent avec excès, bien au-delà des nécessités réelles de la vie et par un besoin excessif de bien-être et des plaisirs corporels (luxe, voyages etc.).

Ou bien l'on en arrive à faire de l'argent de tout et à ne plus voir que cela dans l'exercice de sa profession, même la plus belle ! la profession médicale par exemple. On ira même jusqu'à faire argent de ses vertus. C'est ainsi que la vertu de force, qui nous rend assez audacieux pour tenir et attaquer, peut être mise en œuvre pour s'enrichir. L'on en fait alors un usage qui n'est plus selon la nature.

On peut conclure de tout ceci qu'il y a deux façons de concevoir la possession en argent ; l'une reste naturelle et répond aux exigences de la vie, l'autre sert à la satisfaction des pures convoitises et ne se connaît pas de limites.

– Il est aisé de se rendre compte des services que la richesse pécuniaire peut rendre à la maison et à la cité, et par suite de son rôle (*subministrativa)* dans l'économie : « *Pecuniae et aliae divitiae sunt in ministerium domus* ». En réalité les possessions ne sauraient se confondre avec la vie même de la maison et de la cité, mais elles sont au service de l'une comme de l'autre « *ei subservit)* ».

*L'on comprend aisément qu'il n'y ait pas confusion. Il faut que maison et cité soient composées d'êtres humains et que ceux-ci aient le nécessaire pour vivre. Or ni l'économie domestique ni l'état politique ne font leurs hommes, ils les reçoivent engendrés par la nature et se servent d'eux. De même ils ne créent pas leurs moyens d'existence, mais la terre donne ses fruits, la mer des poissons etc. Le rôle propre et immédiat de l'économie et de la politique n'est donc pas de produire et d'acquérir de la nourriture, mais de se bien servir des moyens dont elles disposent et d'en assurer une bonne répartition. Ainsi le tisserand ne fait pas la laine qu'il emploie, mais son rôle est de l'utiliser et de savoir que telle sorte de laine est apte à son travail, telle autre inutile et mauvaise.

*Quels sont les genres de services que l'on peut attendre de l'argent et des autres richesses ?

Un art peut être au service d'un autre en lui fournissant soit les instruments soit la matière dont il a besoin. Le bûcheron, par exemple, fournit le bois nécessaire à la construction des navires et la construction maritime est au service du commerce ou de la guerre, selon la fin poursuivie dans la navigation. L'argent et les richesses sont plutôt du premier type, car la vraie matière de la science économique ce sont les êtres humains eux-mêmes ; les richesses ne sont que des instruments.

*On voit ainsi quel genre d'application doivent apporter aux richesses ceux qui ont à s'en servir. De même que pour assurer la santé de ceux qui leur sont confiés, les uns et les autres, ont simplement à prendre conseil auprès des médecins qui règlent les détails opportuns, de même pour assurer les moyens de subsistance aux membres d'une société, ceux-ci peuvent s'en remettre à d'autres.

*Quel *degré de naturel* conserve cette possession ?

C'est la nature qui demeure la principale fournisseuse ; elle avance tout ce dont on a besoin. Les arts viennent lui emprunter, mais la nature continue à fournir le vivre à ceux qu'elle a engendrés.

L'homme dont le corps est composé des éléments de la nature, doit trouver dans ces mêmes éléments de quoi vivre. *Deux modes de possession seront naturels à l'homme :*

– La possession en nature lui fournissant le nécessaire pour vivre.

– La possession en argent qui donne le moyen de se procurer ce qu'il lui faut en nature.

Or, la première est nécessaire et louable, mais la seconde peut passer du nécessaire à la pure convoitise et devenir blâmable ; c'est lorsqu'elle perd tout contact avec la nature et n'a plus pour fin de subvenir aux indigences naturelles, de satisfaire un besoin, mais de procurer le superflu. Alors « *juste vituperatur », c'est injustifiable !!*

C'est encore bien pis si le maniement de l'argent devient usure. L'on tire l'argent de l'argent par l'intérêt « *rationabilissime vituperatur et odio habetur ».* On dit que c'est l'argent qui rapporte de lui-même « *se ipsum adauget »,* qui produit le *foenus* comme s'il faisait des petits. Cette multiplication de l'argent qui devait être un instrument d'échange est tout ce qu'il y a de plus contraire à la nature. – *Ista acquisitio pecuniarum est maxime proeter naturam, quia secundum naturam est, ut denarii acquirantur ex rebus naturalibus, non autem ex denariis ».* Réaliser de nouveaux bénéfices à l'aide de produits antérieurs ; employer des moyens pour produire sans cesse de nouveaux moyens, sans attendre la fin ?

DANS L'USAGE.

(in usu, lec.9).

Après avoir examiné l'origine de la monnaie et ses propriétés, Aristote et S. Thomas brossent un aperçu général de ses usages et nous donnent comme autant de moyens pratiques de faire fortune en amassant de l'argent. On peut distinguer trois grandes catégories d'entreprises d'après la nature des opérations qu'elles comportent.

« *La théorie des richesses achevées, il convient de parcourir les questions pratiques. Car c'est le propre de telles sciences d'avoir une partie théorique où l'esprit peut se livrer à la libre discussion et une partie pratique où il faut avant tout s'inspirer de l'expérience* »[31]

La richesse nécessaire.

C'est la façon de tirer de l'argent des choses que la nature fournit pour les besoins de la vie ; c'est la richesse qui

---

[31] Aristote, Polit. I, 4. d'après M. DEFOURNY.

conserve le plus d'attaches avec la réalité. Ce n'est pas qu'elle doive s'en tenir aux formes les plus primitives et les plus simples, mais ce sont là toutefois les sources premières de l'argent « *primae et propriissiae* », car l'on tire l'argent des choses les plus naturelles pour l'échange desquelles l'argent a été précisément inventé.

En cet ordre, on peut ranger les manières de gagner de l'argent sous deux chefs :

*Le *marché,* l'achat et la vente (*in emptione et venditione rerum).* Le propriétaire de chevaux, de bœufs, de brebis etc... qui veut gagner de l'argent doit savoir la valeur de ses bêtes, les marchés où l'on en a le plus besoin et où il pourra par conséquent les vendre plus cher.

**La culture et l'élevage.* Le propriétaire d'un champ peut y semer du blé, y planter une vigne ou des oliviers. Cette culture lui rapportera du froment ou du vin en abondance. Par l'apiculture, l'aviculture, la pisciculture, on aura de même une grande quantité de ces biens que l'on peut vendre pour subvenir à la vie humaine ; c'est un moyen de gagner de l'argent.

La richesse vagabonde, (pecunia translativae).

C'est la façon de tirer de l'argent non plus des choses de première nécessité, mais ; *ex quibusdam aliis rebus ;* on l'appelle vagabonde (*translativa),* car l'argent y est transféré (*translata)* de son premier et naturel usage à d'autres usages. - Cette remarque doit-être soulignée, car elle précise que la classification est prise de la nature même de la richesse et non d'après la distinction fréquente entre les entreprises de *production*

(Agriculture ou Industrie) et les entreprises de *circulation* (Transport et Commerce). Les unes et les autres en réalité ont pour but de rendre les produits naturels, (végétaux, animaux, minéraux) aptes aux besoins de l'homme, et de les mettre à sa disposition et à sa portée immédiate pour qu'il puisse les consommer. – C'est bien la richesse qui n'est plus aussi en contact avec la nature nourricière et devient la fortune anonyme, mobilière. Ce genre de richesse suppose un notable élargissement de la circulation monétaire et fiduciaire ; on peut distinguer trois manières de gagner de l'argent dans ces échanges :

*La première et la plus importante est celle du *commerce,* qui consiste à faire le trafic des denrées. Les marchands gagnent beaucoup d'argent, « *mercatores maxime pecunias acquirunt* ». C'est que le transport des marchandises est un élément primordial de la « circulation » des richesses, par où l'on entend en économie politique leur changement de propriétaire ; c'est une phase essentielle de la production. Or ce trafic peut se faire : par eau, de là les *entreprises maritimes* de cabotage ou de navigation au long cours ; ce sont les opérations les plus lucratives mais très périlleuses ; Aristote distinguait trois professions dans le commerce maritime : *« La première consiste à fournir le vaisseau, la seconde à former la cargaison, la troisième à étaler les produits au marché du lieu de débarquement* » M. DEFOURNY.

– par terre ; ce sont alors les différentes organisations de transport ou de *transit.*

– enfin grâce au *négoce* qui ne se préoccupe plus de transporter les marchandises, mais d'assister les marchands en leur fournissant les denrées commerciales ou de l'argent pour les payer.

S. Thomas ne qualifie pas autrement ici cette richesse vagabonde, mais dès là que le producteur et le consommateur ne sont plus en présence et que l'échange se fait par l'entremise du commerçant et par le moyen de la monnaie, ces entreprises commerciales, qui ont pour but de mettre à la disposition de l'homme les choses utiles à la vie, représentent un énorme progrès économique.

Cependant Aristote, qui légitime la vente directe et l'échange des produits, condamne ceux qui vendent (les négociants) une deuxième fois les produits qu'ils se sont procurés lors d'une première vente. C'est que cette revente avec bénéfice est en réalité l'échange d'une somme d'argent contre une somme plus forte ; le produit n'est que l'intermédiaire et non la fin de l'opération. Le but d'un tel commerce est la recherche de l'argent pour lui-même.

Sur les faits qui motivent ce jugement dans la Grèse antique. L'on constate, en effet, que la vente directe seule se légitime dans un pays où la division du travail n'existait pas ; *« le commerçant qui achète à l'un pour revendre à l'autre est un intermédiaire superflu. Il ne rend aucun service. Le supprimer est un profit pour tout le monde »*.[32]

En France, dans les années 1956, avec la révolte des petits commerçants, portée par le mouvement *poujadiste* celui-ci avait dans son programme, la *suppression des intermédiaires.* Ce mouvement, à caractère politique, devait envoyer plusieurs députés à l'Assemblée Nationale, dont le tribun Jean Marie Le Pen.

Nous assistons, aujourd'hui, en cette année 2023, à des ventes directes du producteur au consommateur, sans le passage chez le commerçant. Les denrées viennent directement des fermes locales et concernent, les fruits et les légumes, ainsi que les viandes de bœuf, de mouton, de porc et les volailles etc. cela est légitime.

*La manière *usuraire* qui consiste à percevoir un intérêt sur les avances faites aux marchands. Elle est encore plus condamnable que le commerce lui-même.

« Aristote condamne le prêt à intérêt d'une manière absolue, sans atténuation ni exception. La logique lui

---

[32] Polit. I, 3. Cf. DEFOURNY

impose cette attitude, s'il n'y a que deux sortes de prêts : l'une pourvoyant à des dépenses improductives, à des dépenses de consommation ; l'autre, à des dépenses productives qui seraient toujours des dépenses commerciales. L'interdiction de la première sorte de prêt va de soi. L'interdiction de la seconde est une conséquence nécessaire de la position que le Stagirite a adoptée vis-à-vis du commerce ». M. DEFOURNY.

*On peut enfin faire argent de son travail en le louant pour un salaire. C'est la manière mercenaire de s'enrichir. Ce travail humain, est une marchandise semblable aux autres dont le salaire représente le prix ou le taux de rémunération, qu'il soit en nature, (logement, nourriture etc.).

Le travail du *manœuvre* peut demander de l'art en même temps qu'il est utile ; ainsi les cuisiniers, les spécialistes, la main-d'œuvre qualifiée ; ce peut être aussi un travail sans art qui ne requiert qu'un effort corporel. On distinguera les opérations qui se font au hasard *proeter proevisionem rationis,* la pêche à la ligne par exemple ; et celles qui supposent du talent et de l'art, comme la menuiserie. Il y aura toute une hiérarchie d'œuvres serviles. Les travaux abjects et vils, *quibus corpora maxime maculantur :* voirie etc... Les travaux les plus matériels *maxime serviles,* où il est demandé davantage au corps et très peu à l'esprit : débardeurs, dockers... enfin les moins dignes de tous, *ignobilissimae,* où ni l'âme ni le corps n'ont beaucoup à s'exercer.

Tous ces métiers dits serviles, ignobles etc, sont qualifiés aujourd'hui de métiers difficiles, avec une pénibilité reconnue. Ils sont assujettis à une réglementation particulière qui a pour but d'en limiter, sinon compenser les désagréments par rapport à d'autres métiers plus « 'valorisants »' et demandant une formation dans leurs spécialités. Il est de constater, pour partie, qu'ils font l'objet d'un recrutement de sous-prolétaires issus de l'immigration contrôlée ou pas.

Le salariat est bien un moyen anonyme de gagner sa vie. Sans doute c'est soi-même qu'on engage ; mais du point de vue des origines de la richesse, le travail ne nourrit pas son homme ; celui-ci peut s'employer à n'importe quoi et s'embaucher n'importe où ; il est sans attache fixe.

La richesse industrielle

Elle consiste à gagner de l'argent en exploitant la nature, autrement que par la culture et l'élevage. Cette forme de la richesse a quelque chose des deux précédentes.

*Elle a ceci de commun avec la première qu'elle exploite la terre ou ses produits : minéraux, plantes, eaux, vents, animaux etc, encore que l'appropriation et l'utilisation de cette matière par l'industrie se fasse par voie de conquête et devienne facilement « déprédation » ; les transformations des produits naturels ressembleraient alors à une destruction de la nature.

La richesse alimentaire, au contraire, s'obtient plutôt par voie de culture ; on reçoit davantage de la nature ; on sauve et l'on perfectionne les espèces

*La richesse industrielle a ceci de commun avec la richesse vagabonde, que la matière qu'elle exploite ne se rapporte pas de si près aux biens de première nécessité mais consiste en mines, exploitation de forêts et. C'est d'ailleurs pour d'autres fins que la nourriture, pour se loger, s'habiller, s'outiller, s'armer. Cela demeure utile et naturel, mais non plus au même degré.

- Cette classification des richesses comporte une omission, celle de la richesse tirée des produits de l'esprit : ouvrages littéraires et artistiques, droits d'auteur et brevets d'invention. On devrait la classer formellement, d'après les principes précédents, dans la catégorie des richesses mercenaires, car l'on aurait ainsi un « *prolétariat de l'intelligence* », des « *salariés de la pensée* », étant donné que l'usage d'une science ne saurait se réaliser sans un exercice physique quelconque. On sait que dans l'antiquité les médecins et les pédagogues, qui constituent de nos jours des professions libérales, étaient des esclaves.

On arrive, en notre temps, à faire des travaux de la pensée de véritables entreprises industrielles.

La presse et la librairie, par exemple, mettent les produits de l'esprit en coupe réglée de façon à en accroître le rendement commercial, leur valeur marchande.

Or ce que l'on obtient ainsi des travaux de l'esprit, on peut a fortiori l'obtenir du travail mercenaire. C'est « *l'exploitation* », la « *pars praedativa* » tombant sur l'homme, lui-même. Son labeur devient la proie de l'industrie.

Ces notions fondamentales de l'économie politique de S. Thomas ne laissent pas de provoquer quelque étonnement si l'on songe, par exemple, qu'elles méconnaissent la valeur de l'argent, fruit et source de travail, qu'elles condamnent le prêt à intérêt et justifient sans restriction l'esclavage. À y réfléchir de plus près, on admirera le jugement constant sur l'appréciation de la « valeur ». Toute richesse matérielle est jugée en fonction de la vie proprement humaine ou vertueuse, qui consiste dans une vie dirigée par la raison conformément aux exigences de la nature de l'homme. Celui-ci sert des biens matériels, dans la mesure où ils sont requis pour la satisfaction de ses besoins. Mais il est bien entendu que la vie humaine est une vie de pensée, et que la possession de « l'utile » ne se légitime que pour l'établissement et l'épanouissement de cette vie supérieure, intellectuelle, morale et politique.

Toute richesse factice, artificielle, toute possession de superflu qui n'a pas d'attache avec les besoins et les ressources naturelles entrave cette vie spirituelle et lui nuit, elle est illégitime. C'est là une grande leçon que l'on ne saurait trop méditer et qui se trouve, sur le plan de la raison, en remarquable harmonie avec l'enseignement révélé, notamment celui de l'évangile. On devra spécialement s'en souvenir dans la théologie du droit de propriété et surtout de son usage. Les précisions précédentes nous aident à comprendre sur quel plan doivent s'apprécier les formules succinctes mais rigoureuses, dont beaucoup sont des allusions à la nature et à l'économie des richesses définies dans les *Politiques,* ou les supposent. Il est en effet, bien certain que dans la *Somme Théologique*, S. Thomas ne renie rien de ce qu'il a avancé dans son commentaire sur Aristote, encore que parfois il y ajoute. Que l'on se reporte, par exemple, à ce que S. Thomas affirme de la vente et de l'achat, du prêt à intérêt.

Il reste que certaines condamnations paraissent trop sévères si on les applique sans nuance à l'état économique moderne, car elles sont l'expression d'une expérience restreinte dans le temps et l'espace. S. Thomas a-t-il cru à la valeur inconditionnée de son interprétation des données recueillies par Aristote ? Il le semble bien, puisqu'il n'a pas cru devoir tenir compte des modifications que la vie économique du Moyen Âge y avait déjà apportées. Peu importe d'ailleurs ici, puisque nous cherchons avant tout à éclairer le sens des textes par le contexte historique, et surtout à mettre les théologiens en garde contre une systématisation sans nuance précise et d'une expérience limitée.

Nous ne saurions mieux conclure cet exposé par les réflexions toujours pertinentes et d'actualité de M. DEFOURNY sur la Politique d'Aristote, qui, toutes proportions gardées, valent pour S. Thomas : *« La nécessité de l'esclavage, l'interdiction du commerce, le monopole des importations et des exportations, la prohibition du prêt à intérêt, l'utilité très relative de la monnaie, tout cela se tient et forme certainement un système théorique cohérent, et justifié à un stade économique où la division du travail ne franchit pas les bornes de la famille et de la cité, où l'outillage industriel est rudimentaire, où l'échange direct suffit à presque tous les besoins, où le commerce est voisin du parasitisme et du brigandage, où l'argent n'est pas le moyen normal de se procurer les choses nécessaires et, à part ses emplois commerciaux, constitue également une réserve improductive. Derrière les formules absolues, nous apercevons l'ensemble de faits particuliers qui leur servent de base. Seulement, au lieu de motiver sa morale économique par les circonstances du milieu, Aristote l'appuie sur des raisons tirées de la nature des choses. Il ne condamne pas le commerce à cause des conditions où il l'exerce. Mais, ayant constaté que le commerce a partout des effets désastreux, il en vient à penser que l'institution est mauvaise en elle-même. La détachant de son cadre, il la considère abstraitement et, dans l'analyse même du concept de commerce en soi, il prétend trouver des motifs intrinsèques de réprobation : par le commerce, l'argent devient la fin de l'échange, alors qu'il devrait en être le moyen.*

Ainsi une théorie relative, bonne pour son temps, cohérente en tant que rapportée à son milieu, prend à tort figure de théorie absolue et universelle. Examinée par rapport à des situations historiques qu'elle n'a pas prévues, dont elle n'est pas le reflet et à qui elle prétend néanmoins s'appliquer, elle apparaît contradictoire en elle-même, éloignée des réalités. Mais dépouillons-la de sa fausse et abstraite universalité ; nous retrouverons un fonds organique et vivant, et nous verrons que, si l'histoire fait bon marché des analyses conceptuelles sur lesquelles Aristote prétend fonder sa morale économique, elle retient plus d'indulgence pour les préceptes qu'il édicte ». Op. cit, pp.38-39.

La théologie du droit de possession

L'homme a un droit naturel au premier chef de posséder les réalités extérieures

Quel titre l'homme peut-il avoir à la possession des biens de cette terre ?

Personne ne doit usurper ce qui appartient à Dieu. Or Dieu seul a la possession souveraine de tout le créé, selon ce mot du Psalmiste : *« La terre est au Seigneur. La possession des êtres n'est pas naturelle à l'homme »* La réponse est nette à souhait : Certes Dieu a la maîtrise de tous les êtres, puisqu'il est leur principe. Mais lui-même, selon l'ordre de sa providence, a destiné certaines choses à l'alimentation de l'homme. L'homme a de ce chef la possession naturelle de ces choses, en ce sens qu'il a le pouvoir d'en faire usage.

Dieu a confié à la créature raisonnable une participation de son propre pouvoir sur l'univers. Deux textes de l'Ecriture, affirment expressément cette concession : Gen. I, 28 ; Ps. VIII, 8 ; on pourrait ajouter notamment : Ps. XCIV, 3-5 ; I Chroniq. XXIX, 10-13. L'article que nous commentons précise l'objet et les rapports mutuels de ces deux souverainetés ; celle de Dieu s'étend à la nature même des êtres ; celle de l'homme se limite à leur usage.

Le Dominium divin.

« *Res exterior potest considerari,,, quantum ad ejus naturam* ».

Toutes les choses de ce monde sont l'œuvre de Dieu. C'est lui qui les a conçues et réalisées ; elles tiennent de Lui et de Lui seul leur essence et leur existence. Dieu sera le premier possesseur de la création, en étant le créateur. Tel est le fondement du dominium divin.

S. Thomas précise : « Dieu est appelé Maître ou Seigneur (*dominus)* dans le même sens et de la même façon, par conséquent avec le même degré de réalité, que la créature lui est soumise ». On ne saurait nier, en effet, que Dieu soit réellement Maître ou Seigneur, sous prétexte que la relation de *dominium* n'affecte pas réellement l'essence divine, car « le rapport de Dieu à la créature n'est ici, à la vérité, que le rapport de la créature à Dieu ; il suffira que ce dernier rapport soit réel dans la créature pour que le domaine de Dieu soit une réalité et non un pur concept ».

Or la création n'est pas autre chose qu'une relation à Dieu, la dépendance même de l'être créé par rapport au principe qui le fonde.

Si notre esprit ne peut concevoir dans le sujet divin qu'une relation de raison vis-à-vis du monde qu'il domine, cette relation correspond à la relation réelle qui fait que la créature est soumise à Dieu dans son être même. La causalité créatrice est bien le lien le plus étroit qui soit entre Dieu et son œuvre.

Ce qui est premier c'est l'existence dépendante de la créature ; il en résulte la relation réelle de la créature au créateur, qui fait que le monde dépend de Dieu, est fondé en Lui, est suspendu à Lui ; il Lui appartient foncièrement. Le fait pour un être de tenir d'un autre tout ce qu'il est, qu'il en provient, met en cet être une appartenance très spéciale à son Créateur.

Il en est la chose comme l'effet est quelque chose de la cause et en dépend « *causa habet dominium super effectum* ».

Ainsi la relation de création établit de toute créature à Dieu des rapports uniques qu'elle ne soutient avec aucun autre être, même hiérarchiquement supérieur ; *Tu solus Dominus !* C'est une dépendance foncière, totale, exclusive. Tout ce qui existe, du fait même de cette actualisation, est la possession de Dieu, c'est son bien.

Cet empire sur le monde est, par suite, un dominium nécessaire que Dieu ne peut pas ne pas avoir dès là que le monde existe. C'est aussi un dominium universel, plénier et premier sur toutes et chacune des créatures. Enfin c'est un dominium indépendant et inconditionnel, puisque Dieu est le principe unique et sans rival de ce qu'il possède : « *Je suis le Seigneur et il n'y en a point d'autre ; je forme la lumière et crée les ténèbres, je fais la paix et je crée le malheur : c'est moi le Seigneur qui fais tout cela* » (Is. 45. 6-7). etc, S. Thomas explique : « *Le dominium de Dieu sur les choses qu'Il a créées est parfait, parce que pour les produire dans l'être, il n'a eu recours à aucune aide extrinsèque, pas même à la puissance de la matière ; il a été la cause universelle de tout l'être* ».

C'est dire par le fait même, qu'aucune limite ne saurait être assignée au dominium divin. Tout agent, en effet, a une puissance d'agir proportionnée à ce qu'Il est « *omne agens agit in quantum est actu* ». Or Dieu est l'acte pur ; Il est la plénitude de l'être. Son action s'exercera sur l'universalité de l'être « *ejus actio se extendit ad totam naturam entis* » *;* rien ne lui échappera, « *toutes les créatures sans exception peuvent être changées ou transformées par la puissance créatrice, car du pouvoir divin dépend leur être ou leur non-être* ». Dieu est le Tout-Puissant et le dominium se caractérise par la puissance.

Pour produire l'être, Dieu ne peut se servir d'instrument, car la vertu qu'il communiquerait à cet intermédiaire ne pourrait être créée. Mais toute vertu créée, en son action, suppose en face d'elle, un sujet sur lequel elle puisse exercer son activité. La création précisément ne suppose rien ; c'est la production de l'être non seulement « *ex non subjecto* », mais « *ex termino* », c'est-à-dire « *ex nihilo* », aucun agent créé n'y saurait concourir. (III. C. Gent. I ; De Pot, qu. 3. art. 4. subsistent).

L'homme au contraire, déterminé et limité par essence, ne peut atteindre la matière qui est indéterminée et illimitée. S'il peut disposer des choses pour son usage, sa puissance ne peut changer leur nature, pas plus qu'elle ne peut les produire.

Si l'univers est dépendant de sa cause, il ne peut subsister sans elle. L'action créatrice qui a posé l'effet dans l'être se continue pour le maintenir dans l'existence. « *Dieu étant l'être même par essence, il est nécessaire que l'être créé soit son effet propre, comme brûler est l'effet propre du feu. Et cet effet est causé par Dieu dans les choses non seulement quand les choses commencent d'être, mais aussi longtemps qu'elles subsistent, comme la lumière est causée dans l'air par le soleil tant que l'air est illuminé* ». Il faut dire non seulement que Dieu s'est constitué un domaine absolu sur l'univers, mais que, se l'étant acquis, il le conserve et exerce cet empire de la façon la plus active et la plus efficace qui soit ; la conservation dans l'être n'étant qu'une création continuée. La suspension de l'exercice du pouvoir divin entraînerait immédiatement l'annihilation de son domaine. C'est à chaque instant et dans ce qu'il a de plus intime que chaque être dépend de Dieu, appartient à Dieu.

En conclusion nous voyons que si l'on peut dire de quelque façon que les biens matériels sont quelque chose de l'homme, qu'ils sont « *siens* », il est bien plus exact d'affirmer que le monde est à Dieu, qu'il est son domaine, puisque le Créateur est immédiatement et substantiellement présent là où Il agit. Les êtres sont en Dieu comme le corps est dans l'âme, contenu par elle, dont il tient à tout instant l'existence.

En définitive, « *la relation de dépendance de toutes choses par rapport à Dieu est chose réelle, comme le fondement de leur être même. Être, pour chaque chose, c'est être de Dieu, par Dieu, en Dieu, avec Dieu ; sans cette relation, son être ne peut même plus se concevoir, car sa possibilité et son intelligibilité en dépendent ; à plus forte raison ne peut-elle pas subsister ».*[33]

Ce n'est pas seulement par antonomase que Dieu est dit seul Maître et Seigneur, Il l'est *propriissime* et à la perfection ; Il est, en toute vérité, non seulement *Dominus,* mais *Dominator,* et comme s'exprime la liturgie : *Rerum Deus tenax vigor.*

Ces déductions conduisent-elles au terme désiré ?

Partis de la notion du souverain domaine de Dieu sur tout l'univers, nous cherchions à comprendre comment l'homme pouvait y participer, afin de pouvoir conclure à la nature, au rôle et aux limites de son droit de possession.

Or ce dominium divin qui s'exerce sur la nature même des êtres, est imparticipable. L'homme ne pourra jamais jouir d'un pouvoir semblable si réduit qu'on le suppose. Il y a une solution radicale de continuité entre le créé et l'incréé ; aucune créature ne peut être associée à la causalité créatrice.

Mais quelle est la fin que Dieu se propose en acquérant ce domaine, et par suite le sens de cet empire universel ? Le premier agent de toutes choses ne peut avoir d'autre but à sa volonté, que sa bonté qui est lui-même. Tout ce qui existe sera ordonné à Dieu comme à sa fin, en vue de l'assimiler à Lui.

Les créatures poursuivent, en effet, leur perfection ; mais un être est parfait dans la mesure où il se rapproche de son principe, qu'il participe davantage de lui. Or Dieu étant le principe de toute créature, tout ce qui existe sera parfait dans la mesure où il se rapprochera de Dieu et recevra de Lui. Ainsi tout être tend vers Dieu. Dieu premier agent est aussi nécessairement fin ultime de tout.

---

[33] D. SERTILLANGES, *La Création,* trad. note 45. P. 186.

Par cet aspect, Dieu est bien encore le souverain Maître et possesseur de l'univers. « *Quelqu'un est vraiment le maître d'une chose, définit S. Thomas, quand ce sur quoi il domine est ordonné à son usage* » (I a P., qu. 96, art. 4.) À propos du Saint-Esprit comme don, S. Thomas avait déjà remarqué qu'on ne possède vraiment une chose que lorsqu'on peut exercer à son endroit « l'*uti* » et le « *frui* ».

Dieu est la fin de la création ordonnée à sa propre gloire et la manifestation de sa bonté. Les êtres sortis de la bonté diffusive de Dieu reviennent à Dieu pour Le manifester et Le proclamer. Ce faisant, dans cet acheminement de tous les êtres à leur fin ultime, qui est Lui-même, Dieu fait *usage* des créatures, *« Quiconque fait une œuvre en vue d'une fin, se sert (utitur) de cette œuvre pour cette fin. » (*I a P. , qu. 47, art. I ; qu. 44, art. 4 ; III *C.Gent., 18)* ; et tel est l'exercice du gouvernement divin qui dirige tous les êtres vers leur fin, et réalise dans le temps l'ordre conçu et voulu par la Providence « *Gubernare est movere aliquos in debitum finem* ».

C'est à ce gouvernement que Dieu associe l'homme, et à l'*usus* du dominium divin, car « *Dieu gouverne les êtres inférieurs par l'entremise des supérieurs, non que sa puissance fasse défaut, mais par surabondance de bonté afin de communiquer aux créatures elles-mêmes la dignité de cause* ». Alors que les créatures irrationnelles coopèrent aveuglément à la réalisation du plan divin, l'homme, intelligent et libre, aura part en quelque sorte aux conseils de Dieu et devra concourir en toute connaissance de cause et de plein gré à la réalisation de la gloire extrinsèque de Dieu, fin du dominium divin. Par- là, il deviendra lui aussi, d'une certaine manière, fin des créatures inférieures ; il aura sur elle un droit d'usage.

La participation de l'homme au dominium de Dieu

Le Droit positif divin

Les considérations qui précèdent nous font conclure que nul ne saurait faire usage des êtres créés, sans la permission expresse ou tacite de Dieu leur premier possesseur.

En réalité, cette concession est à la fois tacite, en tant qu'inscrite dans la nature et la hiérarchie des êtres ; et expressément formulée dès la révélation primitive.

S. Thomas déclare, en effet, aux termes de son article que ce pouvoir de la créature rationnelle s'est manifesté dans la création même de l'homme. Voici le texte de la Genèse :

« *Dieu dit : Faisons l'homme à notre image selon notre ressemblance, et qu'il domine sur les poissons de la mer, sur les oiseaux du ciel, sur les animaux domestiques et sur toute la terre et sur les reptiles qui rampent sur la terre. Et Dieu créa l'homme à son image. À l'image de Dieu il l'a créé, et il les a créés mâle et femelle. Et Dieu les bénit et il leur dit : Soyez féconds, multipliez, remplissez la terre et soumettez-la, et dominez sur les poissons de la mer, sur les oiseaux du ciel et sur tout animal qui se meut sur la terre. Je vous donne toute herbe portant semence à la surface de la terre, et tout arbre qui porte un fruit ayant semence, pour servir votre nourriture. Et à tout animal de la terre, à tout oiseau du ciel et à tout ce qui se meut sur la terre, ayant en soi un souffle de vie, je donne toute herbe verte pour nourriture* » (Gen. I, 26-31).

C'est parce que l'homme est à l'image de Dieu, par ses facultés rationnelles, qu'il acquiert le privilège d'une domination universelle. Or dès la première parole qu'il lui adresse, Dieu se révèle comme Seigneur et possesseur de toutes choses. C'est comme tel qu'il concède à l'homme une participation à son dominium : « *Voici que je vous donne...* ». Il y a là plus qu'un simple permis d'usage, d'un domaine purement utilitaire et pratique, mais une véritable souveraineté. Le verbe *râdâh* qui l'exprime, veut dire : « *régner, mettre sous ses pieds* » ; et son sens est accentué par celui de *kâbasch,* « *soumettre, réduire en son pouvoir* ». L'homme domine la création. Il exercera, dès le début, un acte non équivoque de cette maîtrise, en donnant un nom aux animaux ; le fait de « *nommer* » ayant toujours été regardé chez les Sémites comme la prérogative du supérieur. L'homme, image de Dieu, est pourvu d'une souveraineté analogue à celle de Dieu sur l'univers entier.

De plus, l'ordre selon lequel le premier chapitre de la Genèse présente les diverses phases de la création, montre bien que tous les êtres inanimés et sans raison ont été créés *pour* l'homme et sont destinés à son usage. Cette finalité, mise en lumière dans le texte révélé, sera le fondement de la réflexion théologique sur le droit naturel de la possession.

Est-il nécessaire de souligner combien la doctrine de S. Thomas sur la propriété est formellement théologique ? Nous n'avons ici, qu'une application particulière de la théologie morale de la *Somme.* L'homme est sujet de la théologie morale en tant qu'il est à l'image de Dieu et c'est « *après avoir parlé de l'Exemplaire qui est Dieu et de ses œuvres, qu'il convient de parler de son image, de l'homme, selon qu'il est principe, lui aussi, de ses actions et qu'il a pouvoir de les produire par son libre arbitre* ». De même que l'Exemplaire agit, de même l'image agit. Dans le cas présent la conduite de l'homme doit se régler sur celle de Dieu ; son dominium participé de celui de Dieu y puise son fondement, son sens, ses obligations.

Enfin c'est à l'homme en général, et non pas tant à l'individu qu'était Adam, qu'est concédée la possession du monde matériel. Le verbe *iredou,* en effet, « *qu'ils dominent* » est au pluriel comme se rapportant à *âdâm,* « *l'homme* » pris collectivement. C'est l'humanité, tous et chacun de ses membres qui jouiront de ce *droit* de possession, dont aucune forme n'est encore précisée.

Les fondements rationnels de la possession humaine

Fondée sur la déclaration expresse de Dieu, la légitimité de l'appartenance des biens terrestres se justifie devant la raison. S. Thomas n'expose qu'un argument, déjà développé.

On peut classer sous trois chefs les titres de l'homme au droit de possession. On se référera ici à l'exposé du P. PÉREZ GARCIA. *De pricipiis functionis socialis proprietatis privata apud div. Thomam Aquinatem, Avila, 1924. Cf. Bulletin Thomiste, II (1925), pp. 263-269.*

L'homme ministre de la Providence.

L'argument peut se formuler comme suit : Dieu gouverne les êtres inférieurs par les supérieurs. Or l'homme est supérieur aux êtres sans raison. Les êtres sans raison sont soumis à l'homme dans l'exercice du gouvernement divin.

Lorsque nous disons que Dieu gouverne toutes les choses par sa providence, nous entendons qu'il les dirige vers leur fin ; et voici quel est le plan divin : « *Une chose est soumise à la Providence de deux façons : comme ce qui s'oriente vers autre chose et comme ce vers quoi autre chose s'oriente. D'autre part, dans l'ordre des choses qui tendent vers une fin, tous les intermédiaires sont à la fois fin et moyen. C'est pourquoi tout ce qui se maintient dans l'ordre voulu de la Providence tombe sous cette Providence, non seulement parce qu'il est ordonné à autre chose, mais aussi comme ce vers quoi autre chose s'oriente* ».

Le principe général affirmé est que Dieu se sert d'intermédiaires dans la théologie universelle. Or l'ordre établi veut que les créatures supérieures soient plus immédiatement soumises à la Providence et régissent les êtres inférieurs. « *Sicut supremae creaturae sunt sub Deo et gubernantur ab ipso, ita inferiores creaturae sint sub superioribus et regantur ab ipsis* » III C. Gent. 78, 94.

Si la divine Providence, en effet, s'étend à tous les êtres, elle s'exerce d'une façon particulière vis-à-vis de certaines créatures plus nobles, et telles sont les créatures rationnelles qui dépassent en excellence tous les autres êtres créés, tant par la dignité de leur nature que par celle de leur fin. « *Au point de vue de la perfection de la nature, seule la créature rationnelle a le dominium de ses actes et peut agir librement, alors que les autres créatures sont davantage mues à leurs opérations qu'elles ne se meuvent. – Au point de vue de la dignité de la fin, seule la créature intellectuelle atteint par ses actes propres (de connaissance et d'amour) à la fin ultime de l'univers, à Dieu. Les autres êtres n'y peuvent parvenir que per viam similitudinis* ».

L'on voit ainsi que la créature intellectuelle, approchant davantage du premier principe, est soumise à la providence, non seulement comme en étant l'objet, mais comme la représentante auprès des autres êtres.

Le plan de la Providence est net : gouverner les hommes pour eux-mêmes et les autres créatures par rapport à eux. « *Dans un ordre où toutes choses sont orientées vers une fin, celles qui n'y peuvent parvenir par elles-mêmes doivent être ordonnées à celles qui l'atteignent. C'est ainsi que la fin de l'armée est d'obtenir la victoire, et seul le combat des soldats peut l'assurer. Mais tous les autres offices : garde des chevaux, préparation des armes, etc..., sont ordonnés au seul combat de la troupe. Ainsi, comme Dieu est la seule fin ultime de l'univers, et que l'homme seul peut l'atteindre par la connaissance et l'amour, toutes les autres créatures lui sont soumises et ordonnées* ». III. C. Gent, 112 : *« Per divinam providentiam intellectualibus creaturis providetur se, ceteris autem creaturis propter ipsas » « Disponuntur a Deo intellectuales creaturae quasi propter se procuratae, creaturae vero aliae quasi ad rationales creaturas ordinatae ». « Naturae intellectuales sunt propter se a divina providentia procuratae, alia vero omnis propter ipsas »*.

En résumé : L'homme situé en dignité et noblesse au sommet de la création, est l'intermédiaire de Dieu pour régir les êtres inférieurs. Parce que l'homme est à l'image de Dieu – S. Thomas insiste sans cesse sur cette raison -, Dieu lui confie la participation de son domaine sur l'univers. Il est effectivement capable d'exercer cette souveraineté, « *lorsque quelqu'un est constitué en dignité, il n'a pas seulement de ce fait une certaine excellence d'état ou de situation et de valeur personnelle, il a encore un certain pouvoir de gouvernement par rapport à d'autres êtres qui lui sont soumis* ».

La divine providence n'a fait que respecter la nature des êtres et ses exigences, en donnant à l'homme d'exercer le pouvoir dont il est capable : « *divina providentia ordinem servat congruum humanae dignitati » (De Verit., qu. 5. art. 7).*

Nous sommes en mesure d'affirmer que Dieu a fait de l'homme sur terre une petite providence, son ministre auprès des créatures sans raison. Il en a fait de même un possesseur à son image. *Puisque c'est la Providence qui fonde en Dieu un domaine souverain, le fait pour l'homme de participer à cette providence divine, entraîne dans la même mesure une participation au dominium divin.* C'est l'affirmation du texte révélé : « *Faisons l'homme à notre image, selon notre ressemblance, et qu'il domine sur les poissons de la mer, les oiseaux du ciel, etc,...* » (Gen., I, 26).

Cette insertion dans le plan providentiel donne au dominium humain son sens et des limites ; nous y insisterons plus loin, mais dès maintenant il faut souligner que si l'homme participe aux pouvoirs de Dieu, sa maîtrise ne saurait être absolue, sans contrôle ; ses droits sont limités. L'homme demeure le sujet de Dieu ; son dominium sera toujours dépendant, et Dieu pourra, par décret positif, se réserver des droits de jouissance ou de bien-fonds d'un véritable propriétaire. Par ailleurs l'homme n'est que le serviteur de l'œuvre divine, l'ouvrier des desseins providentiels, et l'on songe pour le qualifier aux titres de : régisseur, administrateur, fondé de pouvoir, sur les biens du divin et souverain Propriétaire. Si ces biens lui sont soumis et lui appartiennent, ce n'est que dans la mesure où il respecte les fins de l'ordre providentiel.

Nous savons, par ailleurs, que Dieu a maintenu ses droits exclusifs sur une portion de territoire en Israël. Ce bien-fonds inaliénable, c'était la *nahalâh* de Iahvé, son domaine réservé.

Précisons enfin que ce droit de possession est assuré à chaque homme. C'est un axiome constant de S. Thomas que seule la créature raisonnable est dirigée à ses actes, non seulement pour le bien de l'espèce, mais pour le bien de l'individu. Tout homme aura de ce chef un droit absolu, inaliénable, à disposer des ressources nécessaires pour vivre humainement, quoi qu'il en soit du mode d'appropriation ; sa place hiérarchique dans l'univers lui assure la possession des biens extérieurs. Sans eux il ne pourrait atteindre sa fin, ni jouer son rôle providentiel. Son droit de possession est tout ce qu'il y a de plus « *naturel* », et c'est certainement ce que S. Thomas a en vue, et explicitement où il accorde à tout individu frustré, par les vices de l'organisation humaine, du minimum de biens que la providence lui a dévolu, le droit de se l'approprier par la ruse ou la force.

L'homme fin des êtres inférieurs

S. Thomas fonde le plus souvent le dominium de l'homme sur un autre aspect du plan divin.

Dans la nature, dit-il les espèces moins parfaites sont destinées à être utilisées par les plus parfaites, ainsi les plantes sont destinées à la nourriture des animaux, et ceux-ci à celle de l'homme, lequel est l'être le plus parfait de cette terre. À ce titre l'homme a un droit de possession sur tous les êtres inférieurs.[34] *La Propriété d'après la Philosophie de S. Thomas,* dans *Revue Thomiste 1895, pp. 293 sq.*

Aristote, quant à lui, discerne là une loi de nature, « *Tel est l'ordre des choses dans la nature* ». Mais le théologien réfère ultérieurement cette finalité à Dieu, auteur de tous les êtres et de leur hiérarchie. De sorte que le principe rationnel mis en œuvre ici ne fait que mettre en valeur un autre aspect du plan divin évoqué précédemment. Au lieu d'insister sur le *pouvoir* de l'homme sur les êtres inférieurs, on souligne l'*appartenance* de ceux-ci à leur possesseur. On s'attache alors à l'autre terme de la relation de dominium, et l'on sait que celle-ci se définit davantage par la dépendance de l'être possédé que par les droits du possesseur.

Pour saisir la valeur de cet appel à l'ordre des êtres, à la hiérarchie des fins, il faut partir de la notion de la cause finale.

La fin d'un être est ce pour quoi il est ordonné et ce vers quoi il s'oriente ; c'est son bien, ce qu'il y a de meilleur pour lui « *ultimum et optimum, cujus gratia aliquid fit* ». Or c'est au service de l'espèce humaine que tous les êtres inférieurs recevront leur perfection suprême ; c'est vers elle qu'ils doivent être orientés, c'est pour elle qu'ils sont faits.

---

[34] Cf. SCHWALM. O.P., *La Propriété d'après la Philosophie de S. Thomas,* dans *Revue Thomiste 1895, pp. 293 sq.*

Ces affirmations très simples demandent quelques précisions.

Que l'univers soit constitué de toute une hiérarchie d'êtres qui se graduent par rang de perfection de plus en plus achevée, et que l'homme soit au sommet de ces gradations successives, c'est une vérité incontestable. « *Dans les choses naturelles, les espèces apparaissent rangées par degrés, les mixtes se montrent plus parfaits que les éléments, les plantes que les minéraux, les hommes que les autres animaux. Et dans chacun de ces ordres de créatures, une espèce est supérieure à l'autre* ». Ainsi S. Thomas estime-t-il que les animaux domestiques ont une nature plus élevée que les bêtes sauvages.

Or l'observation montre que les espèces inférieures sont utilisées par les espèces supérieures, « *Nous voyons les corps mixtes se soutenir par l'assemblage d'éléments qui se conviennent, les plantes à leur tour se nourrissent des corps mixtes, les animaux de plantes, et certains d'entre eux plus parfaits et plus forts des moins parfaits et des moins forts. Quant à l'homme il se sert de toutes ces espèces pour son usage, pour se nourrir, se vêtir etc.* » (III C. Gent. 22).

S. Thomas précise les fins particulières que chaque être poursuit dans l'ordre universel et en vue desquelles il est constitué : « *Toutes les créatures constituent l'univers comme les parties d'un tout. Si l'on veut assigner une fin au tout et aux parties, on trouve premièrement que chaque partie est pour son acte, par exemple l'œil pour voir ; en second lieu la partie la moins noble pour la plus noble, ainsi les sens pour l'intelligence et les poumons pour le cœur ; en troisième lieu toutes les parties sont pour la perfection du tout, comme la matière du tout ; enfin, en dernier lieu, tout l'homme est ordonné à cette fin intrinsèque qui est de jouir de Dieu. Par conséquent dans les divers compartiments de l'univers chaque créature est ordonnée à son acte propre et à sa perfection. De plus les créatures les moins nobles sont pour les plus nobles,*

les créatures inférieures à l'homme sont pour l'homme – creaturae quae sunt infra hominem sunt propter hominem. – Enfin l'univers entier et chacune de ses parties sont ordonnés à Dieu comme à leur fin, en tant que par une certaine imitation de la bonté divine qui est en eux, ils rendent gloire à Dieu ».

La fin prochaine ne saurait exclure la fin ultime. Si la créature corporelle est faite d'une certaine manière pour la créature spirituelle, il n'en reste pas moins qu'elle soit faite pour la bonté de Dieu. Tout ce qui existe, recherche son bien comme sa fin, qui est Dieu même, le Souverain Bien. Mais parce que les créatures supérieures participent la similitude de la bonté divine d'une façon plus absolue et plus universelle que les êtres inférieurs, il s'ensuit que ces derniers, dont la tendance naturelle est de participer à une plus grande ressemblance de Dieu, s'ordonne aux êtres supérieurs pour s'y assimiler le plus possible.

C'est de la sorte que l'homme est la fin immédiate des êtres créés. Parmi les êtres soumis à la génération et à la corruption, l'âme humaine est le terme dernier auquel tend la matière comme à sa forme ultime, pour en recevoir le maximum de perfection dont elle est capable. Cette loi de subordination des espèces qui s'ordonnent vers l'homme, en des gradations et perfections successives, établit une sujétion naturelle, « *quidditative* » dit CAJETAN, de tous les êtres créés à l'homme. Celui-ci les possède. Il peut s'en servir.

Aussi Aristote dit-il à bon droit que l'homme a un domaine naturel sur les animaux (III C., Gent.22), et que la chasse des bêtes sauvages est juste et naturelle puisque l'homme ne fait que s'emparer de ce qui lui appartient naturellement. S. Thomas observant que « *nul ne pèche en se servant d'une chose pour l'usage auquel elle est destinée, conclut que l'homme peut disposer des plantes et des animaux.*

Concrètement, les êtres inférieurs sont ordonnés à l'usage de l'homme, ad sui utilitatem, et plus spécialement à la sustentation et à la conservation de sa vie « possessiones ad conservationem naturis vitae ordinantur », surtout à sa nourriture « *l'usage principal et le plus nécessaire* ». Cet usage se présente ainsi comme une transformation des choses extérieures en valeurs intellectuelles. La vie humaine consiste dans la pensée, mais l'animal raisonnable, l'esprit incarné qu'est l'homme ne peut se livrer à son activité propre que s'il entretient sa vie corporelle. À cette fin, l'usage des êtres inférieurs lui est indispensable. Mais que ces derniers contribuent, pour leur quote-part, à ce rendement supérieur, c'est là pour eux la mise en acte de leur virtualité, l'obtention de leur fin.

La finalité des biens extérieurs requiert la possession humaine. Cet argument est confirmé par l'application que fait le P. GARCIA, du principe connu « *la nature ne fait rien en vain et ne laisse rien inachevé » cf. Aristote*[35]. Elle doit fournir l'instrument approprié d'une fonction nécessaire.

Cette preuve indirecte, « *ab impossibili* », est très forte. S. Thomas en fait certainement grand cas, car il l'applique à plusieurs reprises à d'autres problèmes. C'est ainsi qu'il fond sur le même principe le caractère naturel de la famille et de la société : La nature, dit-il, ne fait rien en vain. Si elle a donné la parole aux hommes, c'est pour qu'ils en usent. Cet usage, ce sont les relations sociales qui peuvent s'établir grâce au langage, relations fondées sur les notions de l'utile et du nuisible, du juste et de l'injuste. Il suit de là que les relations dont la parole est l'instrument, sont des relations naturelles. Or c'est sur ces relations que sont constituées la famille et la société ; l'homme est naturellement fait pour vivre en famille et en société. *Polit, I*

Si les êtres inférieurs n'atteignent leur perfection que dans et par l'homme, ne devons-nous pas voir la création tout

---

[35] Polit 3.

entière obéissante à son roi et prête à lui fournir, de bon gré, tout ce qui peut lui être utile ?

S. Paul semble affirmer le contraire : *« La création, dit-il, a été assujettie, mais non de son gré » (Rom.,* VIII, 20) ; et de fait, si l'homme peut se servir des biens extérieurs c'est le plus souvent « *à la sueur de son front* ». Ce texte même de la Genèse indique que cette situation est une conséquence du péché originel ; la terre fut maudite à cause du péché d'Adam. Toute désobéissance des êtres inférieurs à l'égard de l'homme est en effet, une suite et une peine de sa propre désobéissance à l'égard de Dieu.

Le péché n'a point changé la nature des êtres inférieurs ; ils restent toujours soumis à l'homme et lui appartiennent ; seulement, comme le note CAJETAN ils ne lui obéissent plus. Le mot de S. Paul demeure juste : la créature est soumise, mais contre son gré ; elle est dans une sorte de révolte à l'égard de son chef. Celui-ci doit, grâce à son intelligence, assurer son dominium sur les forces brutales et inanimées.

Par contre, en faveur de certains saints de l'Ancien ou du Nouveau Testament : Daniel. Les Apôtres, (Mc, XVI, 17 ; Luc, X, 13), S. François d'Assise etc. Dieu a suspendu cet effet d'hostilité de la loi de péché ; les animaux les plus féroces se montraient doux envers l'homme ; celui-ci recouvrait pour un temps le dominium paisible et souverain qu'il avait reçu en partage dès l'origine, et qui n'était, vis-à-vis des êtres extérieurs, qu'un cas particulier du dominium parfait qu'il exerçait sur lui-même, « *secundum modum quo dominatur bis quae in seipso sunt, secundum hunc modum competit ei dominari aliis* »

La justice distributive de Dieu.

Un nouvel aspect du problème, en continuité avec les précédents, peut encore être dégagé, et constituer un nouveau fondement à la possession humaine. « *À chacun est dû ce qui lui appartient*, écrit S. Thomas. *Or il appartient à chaque être d'avoir ce que le bon ordre lui destine... Sous le nom de dette s'introduit l'idée d'un certain ordre d'exigence ou de nécessité à l'égard de quelque chose qu'appellent les relations des êtres. Or l'ordre universel se présente sous deux aspects. D'une part, tel être créé est en rapport avec tel autre, comme les parties avec le tout, les accidents avec la substance et chaque chose avec sa fin. D'autre part, toutes les choses créées se rapportent à Dieu. Il s'ensuit que dans l'action divine, l'idée de dette peut être envisagée de deux manières, suivant que quelque chose est dû à Dieu même ou qu'il est dû à la créature, et dans les deux cas, Dieu accomplit ce qui est dû... il est dû à une créature qu'elle ait ce qui lui est destiné selon l'ordre, comme à l'homme d'avoir des mains, ou d'être servi par les autres animaux. Et ici encore Dieu accomplit la justice, quand il donne à chacun ce qui lui est dû selon ce que comporte sa nature et sa condition* ». (I a P., qu. 21, art. I, sol.3).

L'appartenance des êtres inférieurs est vraiment due à l'homme par le Possesseur suprême. La créature raisonnable aurait un certain droit à obtenir de Dieu les biens de la nature. Comment concevoir cette dette de justice ?

Notons d'abord que nous ne pouvons attribuer une dette de justice à Dieu que d'une manière analogique. Cette vertu se définissant : « *La volonté constante et perpétuelle de rendre à chacun son dû* », il ne peut être question d'établir de l'homme à son Créateur des rapports de justice commutative ; ces rapports n'ayant lieu qu'entre égaux.

On peut considérer l'univers comme une immense cité dont chaque homme est membre et dont Dieu est le chef. La formule est de S. Thomas et elle lui est chère : « ***Dieu, cause de tout l'ordre des choses, en est le chef par sa Providence*** ». *Il précise :* « ***La Providence par laquelle Dieu gouverne le monde est semblable à la providence économique par***

laquelle le père gouverne la famille, ou à la providence politique par laquelle le chef gouverne la cité ou le royaume... et ordonne les actes de ses sujets à leur fin » (De Verit., qu. 5, art.2).

À l'article suivant S. Thomas assimile encore indistinctement le gouvernement divin de l'univers à la providence du père de famille ou du prince, mais on peut introduire une distinction dans la façon dont Dieu dirige telles ou telles créatures. Il gouverne les créatures raisonnables pour elles-mêmes ; les autres êtres leur sont ordonnés et ne sont gouvernés que pour le bien de l'espèce. Le gouvernement divin à l'égard des êtres sans raison est à comparer à celui du prince sur la cité qui pourvoit au bien de l'ensemble, mais vis-à-vis de l'homme, se rapprocherait du gouvernement du père de famille qui a en vue le bien propre d'un chacun.

Quoi qu'il en soit, l'ordre de l'univers peut être envisagé comme régi par la justice distributive de Dieu : « *Par elle, un chef ou un dispensateur attribue à chacun ce qui convient à son mérite ou à sa dignité. De même que le bon ordre de la famille ou d'un groupe gouverné quelconque est le témoignage de cette espèce de justice dans le chef : ainsi l'ordre de l'univers, si manifeste dans les choses de la nature et dans le monde moral, prouve la justice de Dieu. Aussi Denys écrit-il : On doit reconnaître la vraie justice de Dieu en ceci qu'Il attribue à tous les êtres ce qui leur convient selon la dignité de chacun, conservant la nature de chaque être à sa place et dans sa propre valeur* ».

C'est au chef qu'il appartient de répartir équitablement entre tous les particuliers, le lot commun des charges et des bénéfices dans la société. Dieu, chef de la cité universelle, devra fournir aux êtres qu'il régit les moyens nécessaires à l'obtention de leur fin.

Ainsi l'ordre du monde exige, pour autant qu'il est soumis à la Providence, une bonne répartition de ses ressources.

Chaque être doit avoir ce qui lui est nécessaire, étant donné sa nature. L'homme doit particulièrement posséder les biens qui lui permettent de vivre vertueusement, ce qui suppose une certaine aisance. Autant la justice divine doit établir une répartition équitable des richesses naturelles, autant les modes humains d'appropriation ne pourront-ils créer des inégalités telles, que l'accaparement des richesses par les uns, fruste les autres de ce qui leur est nécessaire pour vivre. Ce serait pécher contre la justice distributive de Dieu. Il y a là une donnée fondamentale de l'économie politique de S. Thomas à retenir.

Quelle est la rigueur de ce droit de l'homme vis-à-vis de la justice divine ? « *Cela seulement est dû à chaque être qui lui est destiné conformément à l'ordre établi par la divine sagesse. Et bien que Dieu, de cette manière, donne à tel ou tel ce qui lui est dû, lui-même n'est le débiteur de personne, car le bon ordre dont nous parlons ne l'engage pas à l'égard de ses créatures, mais engage les créatures à son égard. Aussi la justice de Dieu est-elle parfois interprétée comme une convenance de ses actes à l'égard de sa bonté, bien que d'autres fois on nomme ainsi le fait de distribuer selon les mérites* ».

L'obligation qui s'impose à Dieu de fournir à l'homme ses moyens de subsistances n'est que relative ; elle découle de la fin que Dieu a précédemment établie : « *Dieu ne peut pas faire ce qui ne conviendrait pas à sa sagesse et à sa bonté, ce que nous avons dit constituer son propre dû. De même, quoi qu'il fasse dans le créé, il le fait toujours selon l'ordre et la mesure convenable, et c'est en quoi consiste la notion de justice. D'autre part l'œuvre de la justice divine présuppose toujours une œuvre de miséricorde et s'appuie sur elle. Car à la créature rien n'est dû, si ce n'est en raison de quelque chose qui préexiste en elle ou que l'on considère tout d'abord en elle ; et si cette chose présupposée est due elle-même, c'est de nouveau à cause de quelque chose d'antérieur. Ne pouvant aller ainsi à l'infini, on doit arriver à quelque chose qui dépende de la seule bonté divine, qui est la suprême fin. Comme si l'on dit qu'avoir des mains est dû à l'homme parce qu'il a une âme raisonnable ; qu'il lui est dû d'avoir une âme raisonnable pour être homme et d'être homme pour refléter de cette manière la divine bonté. En toute œuvre de Dieu apparaît, comme sa première racine, la miséricorde* ».

Ainsi dans les rapports de Dieu à la créature, on distinguera deux ordres. La création où Dieu agit par pure libéralité, et dont l'unique règle est la sagesse et la bonté divine. Puis le gouvernement de ces êtres où la Providence pourvoit aux exigences de chaque nature. On trouve alors un dû, non du côté de l'agent suprême qui n'est débiteur de personne, mais du côté de la créature ; chaque être, doit avoir ce qui lui convient. Mais cela même dépend de la divine sagesse qui est dite la racine même de la justice, « *ordo ad divinam sapientiam pertinet unde ipsa est prima radix justitiae* »

Dieu se doit à lui-même de respecter l'ordre des choses dont il est l'auteur, « *ejus dispositioni ex necessitate debetur quod impleatur* » (II C. Gent. 28).

Aucune nécessité ne s'impose au créateur, mais les êtres une fois constitués et leurs fins déterminées, Dieu ne peut pas ne pas exécuter le plan qu'il a conçu. Quand nous disons que la justice distributive oblige Dieu à donner à l'homme participation de son dominium, c'est afin que la créature raisonnable possède ce qu'exige sa nature et sa condition, mais ce n'est pour Dieu qu'une obligation conditionnelle et envers lui-même.

Par contre l'homme a un droit strict aux moyens nécessaires d'obtenir sa fin. Ce droit porte sur ces moyens mêmes *(jus in re),* c'est-à-dire les biens naturels, et non à l'égard de Dieu qui les lui a destinés par sa miséricorde antérieure et dans sa sagesse actuelle *(jus ad rem).* On voit combien la possession des biens extérieurs est *naturelle* à l'homme.

Observations

L'homme se trouve inséré dans un ordre, qu'il n'a pas à instituer, mais qu'il doit connaître et accepter. « *Ordo quem ratio non facit sed solum considerat* » Ethiq., I, I. – « *Creatura rationalis sic divinae providentiae subjacet, quod non solum ab ea gubernatur, sed etiam rationem providenttiae utrumque cognoscere potest* » III C. Gent, 113.

Il doit servir les intentions divines dont il est le ministre intelligent : atteindre lui-même, faire parvenir la création tout entière à sa fin, la ressemblance la plus parfaite à la bonté divine, proclamer la gloire de l'auteur de tout bien. Combien le soupçonnent !

D'une façon concrète, la dépendance de l'homme vis-à-vis de l'ordre providentiel détermine l'usage de ses droits. Ceux-ci sont *intrinsèquement* liés à une fin à poursuivre, ils n'existent que pour son accomplissement. C'est dire que la jouissance du possesseur n'est pas la fin ultime des biens extérieurs, ce n'est qu'une fin prochaine, elle-même orientée vers une fin supérieure. Toute appropriation assurant la réalisation de la fin prochaine, mais faisant obstacle à la fin ultime, est mauvaise. Nous pensons ici aux immenses fortunes qui interdisent à leurs propriétaires une vie proprement humaine et surtout religieuse. Lorsqu'une gestion trop lourde ne permet plus les loisirs nécessaires à la connaissance de la vérité, présente de trop graves dangers pour l'exercice de la vertu, la possession humaine perd son sens ; l'homme manque à sa vocation

L'homme sujet du droit de possession.

On a vu combien est fondée l'affirmation d'Aristote, reprise par S. Thomas : « L'homme a un domaine naturel sur les choses extérieures ».

**Peut-on parler d'un droit ?* – Lorsque nous disons qu'une personne a droit à quelque chose, cela veut dire que cette chose lui appartient, qu'elle est sienne, « *cuique suum* » ; mais « cela seul peut être appelé *sien* qui est *dû* selon une proportion d'égalité ». Or telle est la première définition du droit, prise de l'objet (d'où son appellation moderne de : droit objectif) : le droit est ce qui est dû. Par suite « le droit (ou le juste) naturel *(jus sive justum naturale)* c'est ce qui par nature s'ajuste ou se proportionne à autrui ».

En ce sens la possession des biens extérieurs est naturelle à l'homme, parce que la nature lui fournit ce qui lui est nécessaire pour observer la première loi de la nature humaine, la conservation dans l'existence, « la nature livre (*tradit)* ce qui est nécessaire... la terre donne ses fruits, la mer ses poissons, etc. ». Parce que le dû comporte un rapport de dépendance et par suite de nécessité dans l'être qui appartient à son possesseur, on doit dire que les réalités extérieures sont dues à l'homme, qu'elles sont siennes, il y a droit ; ce sont là toutes expressions synonymes.

Par ailleurs, l'homme a une aptitude essentielle à l'utilisation raisonnable de tous ces êtres pour assurer sa conservation et son développement total. De là un droit propre au sujet, appelé aujourd'hui droit subjectif, que l'on peut définir « la faculté morale et inviolable de réaliser ou d'exiger quelque chose ». Un pouvoir, une faculté (*potestas,* c'est le terme dont S. Thomas se sert pour caractériser ce droit), c'est le genre prochain qui souligne la capacité permanente de s'exercer ou de s'abstenir librement, d'où sa qualification de « morale », par opposition à une force physique. Puis l'objet déterminé de ce pouvoir : une possession, un acte à réaliser, un privilège à conserver.

Parce que la possession des êtres inférieurs a un rapport immédiat avec la constitution de notre nature, dont le premier bien est d'être et de se maintenir dans l'existence, le droit de possession est conforme à la règle de la nature, une faculté ajustée à son but, c'est un droit naturel.

C'est ce que dira excellemment Léon XIII, dans l'encyclique *RERUM NOVARUM* : « *En l'homme, réside à la perfection toute la vertu de la nature sensitive et dès lors, il lui revient, non moins qu'à celle-ci, de jouir des objets physiques et corporels ; mais la vie sensitive même possédée dans toute sa plénitude, non seulement n'embrasse pas toute la nature humaine, mais lui est bien inférieure et faite pour lui obéir et lui être assujettie... Ce qui excelle en nous et nous distingue essentiellement de la bête, c'est la raison ou l'intelligence, et en vertu de cette prérogative, il faut reconnaître à l'homme non seulement la faculté générale d'user des choses extérieures à la façon de tous les animaux, mais en plus le droit stable et perpétuel de les posséder, tant celles qui se consomment par l'usage que celles qui demeurent après nous avoir servi. Or cette union du corps et de l'intelligence en l'homme est essentielle ; de là le droit subjecté dans la volonté s'étend sur le corps et du corps sur les aliments* ».

C'est le commentaire du mot de S. Thomas « *In homine quodammodo sunt omnia* ». Parce que les êtres extérieurs communient dans la même nature avec lui que l'homme peut s'en servir et y trouver son utilité ; ils sont bons pour lui, ce sont ses biens.

C'est bien la nature du composé humain, son organisation interne qui justifie ses besoins, comme elle fonde ses droits. L'exercice du droit de possession n'est qu'un cas particulier du gouvernement de l'homme sur ses facultés intellectuelles et sensibles. L'homme dit S. Thomas, domine sur les autres êtres de la même façon qu'il se commande à lui-même ; son pouvoir sur ses opérations immanentes et son propre corps s'étend sur des êtres qui existent en dehors de lui, mais qui deviennent « *propres* » ou « *siens* » et lui sont de quelque manière incorporés et assimilés ; ne dit-on pas « ceci est à moi, ceci est mien » ? Banès a raison de voir dans l'âme (intelligence et volonté), *ut conjuncta corpori,* le sujet du droit de possession.

Ainsi envisagé ce droit apparaît comme un attribut (*incrementum)* et une dotation (*accessio)* inhérents à la nature humaine. Si « est de droit naturel, tout ce à quoi l'homme est incliné selon sa nature », le droit de possession est une donnée primaire du droit naturel, car la première inclination de l'homme au bien que sa nature exige est de se conserver dans l'être ; ce droit à la vie inclut le droit aux moyens de vivre. L'homme a un droit absolu à utiliser les ressources extérieures, à les posséder ; cela lui est aussi naturel que d'être et de vivre.

Le droit de possession aura toutes les qualités que lui confère une semblable origine. Inscrit dans la constitution de sa nature « *sistit in ipsa natura rerum »,* il est inaliénable, nécessaire au même titre que la fin qui le légitime. Droit stable et perpétuel, il est encore universel, identique chez tous les hommes « le droit naturel a partout la même puissance et la même valeur, parce que la nature qui en est la source est la même partout »[36].

S'il est vrai que la nature humaine est soumise à la variété et au changement, les natures des choses changeantes sont immuables. Enfin ce droit s'impose à la conscience de tout homme de bon sens « *natura menti indidit »*[37]. La raison découvre les instincts et les tendances les plus primitives de

[36] Ethiq. V. 12 ; De Malo, qu. 2. Art. 4, sol. 13 « principia juris quae sunt in naturali ratione, non mutantur ».
[37] Ethiq. V. 12 ; De Malo, qu. 2. Art. 4, sol. 13 « principia juris quae sunt in naturali ratione, non mutantur ».

notre nature ; et cette observation révèle intuitivement à l'esprit ce droit foncier et premier à la possession.

**Limites du droit de possession.* – Autant les précédentes déductions sont aisées, autant il est délicat de préciser dans quelles limites le droit de possession reste naturel, c'est-à-dire postulé par les exigences de la vie humaine. Si les choses extérieures sont, en effet, ordonnées à l'homme, à son bien ; on peut les considérer comme des instruments, mais tout instrument est limité, étant proportionné à la fin à réaliser. Or la fin de vie humaine est elle-même déterminée ; la possession naturelle ne sera requise que dans une mesure précise, ce ne sera pas infini. Quelle est cette mesure des ressources matérielles nécessaires à la vie humaine ? C'est ce rapport de moyen à la fin qu'il faut préciser.

Quelle est la fin ou le bien auquel tend la nature humaine ? Le bien de l'homme, répond S. Thomas, est sa perfection totale, celle du corps et celle de l'âme. La nature humaine, complexe, exige non seulement le strict minimum de secours matériels qui lui permettraient de vivre purement et simplement, mais encore un certain bien-être, qui ne sera pas encore du superflu, mais qui est indispensable au libre épanouissement de sa vie intellectuelle et morale.

Tout homme aura un droit naturel à ces « vraies richesses », « *quae possunt tollere indigentiam et facere sufficientiam habenti eas, ut scilicet homo sit sibi sufficiens ad bene vivendum* » (I Polit., lec. 6). Il faut penser d'abord aux richesses naturelles « *quibus secundum se natura juvatur... quibus homini subvenitur ad defectus naturales tollendos, sicut cibus et potus, vestimenta, vehicula et habitacula et alia hujus modi* », mais, selon l'état économique plus ou moins primitif ou parfait, il faut ajouter certainement un minimum de ces richesses artificielles qui facilitent singulièrement l'entretien de la vie humaine et donnent à leur possesseur la liberté de se livrer à une vie plus proprement spirituelle.

S'il est impossible de fixer une mesure précise, il faut accorder que ni Aristote ni S. Thomas ne semblent bien larges sur cette étendue de la possession naturelle ; peu importe d'ailleurs, puisque la propriété légitimera – en vertu du droit des gens, il est vrai – la possession du superflu, et qu'il ne s'agit ici que des biens, exigés par la nature, que tout homme a le droit de revendiquer, et qu'une société bien organisée a le devoir de lui accorder.

Le droit de propriété

Par sa raison et sa volonté, l'homme a le pouvoir de se servir pour son utilité des choses extérieures, comme ayant été faites pour lui. C'est un droit naturel au premier chef. Telle est la conclusion de l'article I. S. Thomas se demande alors s'il est licite de posséder une chose en propre ? Il faut, en effet, que les possessions indispensables à l'homme et destinées à son usage lui tombent entre les mains, qu'il les ait à sa disposition. Comment va s'exercer ce droit commun à tous les « semblables » humains ? Les difficultés naissent de la multiplicité des possesseurs. S'il n'y avait qu'un homme au monde, l'exercice de ses droits serait simple, mais dans la collectivité humaine, l'adaptation des exigences générales de la nature humaine à la jouissance des biens nécessaires à chacun est beaucoup plus complexe. Quelle sera la meilleure façon de posséder ? Le droit de l'un ne limitera-t-il pas celui de l'autre ? N'engage-t-il pas des devoirs correspondants ? Quel sera le principe qui permettra d'en décider ?

Il est très important de remarquer que la question se pose sur un tout autre plan que la précédente. Alors que le droit de possession était un droit absolu, divin en son origine, inscrit dans la nature de l'homme, universel et immuable, le droit de propriété relève de considérations beaucoup plus terre à terre, et de valeur bien moindre. On ne pourra manquer d'en être frappé. L'on quitte l'ordre métaphysique et providentiel pour envisager les adaptations et la compossibilité sociales, le mieux-être, le meilleur moyen d'atteindre une fin. Ce ne sera pas toujours décisif et l'on pourrait rêver d'autre chose...

Si l'on veut comprendre correctement la propriété il faut de toute nécessité l'envisager dans ses rapports au droit de possession ; il s'y rattache étroitement, comme une espèce à son genre, mais grâce à une intervention de la raison, ce qui le classe dans le droit naturel second ou droit des gens. – Beaucoup de théologiens et sociologues modernes méconnaissent le droit de possession et appliquent ses qualités et ses exigences au droit de propriété.

Dans cet esprit, on peut formuler la thèse suivante :

Si l'homme a un droit naturel absolu de possession sur les réalités extérieures, il n'a plus au même degré celui de les posséder en propre (droit naturel de seconde zone), et il n'a jamais le droit d'en accaparer l'usage à son profit (droit naturel premier).

**Communisme ou propriété ?*

Deux grands modes de possession peuvent se concevoir : la communauté des possessions ou la propriété des possessions. Nous dirions en langage moderne : la propriété qui est l'attribution d'une chose à un maître, ou le communisme dans lequel plusieurs hommes exercent leur droit sur un même objet ; le collectivisme se limite aux moyens de production, le communisme strict met en commun tous les biens, même les objets de consommation.

À première vue, les raisons qui garantissent au droit de possession son caractère naturel semblent militer en faveur de la possession en communauté et contre la propriété « Rerum appropriatio non est de prima intentione naturae secundum quam omnia sunt communia » IV Sent. dist. 33. qu. 2, sol. I, qle 4. La première objection de l'article 2 remarque, en effet : « Selon le droit naturel toutes choses sont communes, et à cette communauté de biens répugne la propriété des possessions. Il n'est permis à aucun homme de s'approprier une chose extérieure quelconque », ce serait aller contre la nature et la finalité de ces biens faits pour tous.

La tradition patristique elle-même, évoquée par les objections 2 et 3, n'a-t-elle pas manifesté une tendance favorable à la possession commune des biens ? S. Thomas ne cite pas les textes les plus expressifs, on peut lire ceux que voici, en se rappelant qu'ils visent surtout l'abus des richesses, et sont tirés, pour la plupart, d'homélies dont le style oratoire demande avant tout à ne pas être pris au pied de la lettre. Voici S. Ambroise : « *C'est en commun et pour tous, riches et pauvres, que la terre fut créée : pourquoi, ô riches, vous arrogez-vous le monopole territorial ? La nature ne connaît point de riches ; elle n'engendre que des pauvres : nous ne naissons pas avec des vêtements, nous ne sommes point enfantés avec de l'or et de l'argent ». L'aumône est dès lors présentée comme une sorte de restitution : « Ce n'est pas de ton bien que tu accordes à l'indigent, mais du sien que tu lui rends ; car ce bien commun donné pour l'usage de tous, tu l'usurpes tout seul. La terre est à tous, non aux riches... Tu t'acquittes d'une dette, et non d'une largesse non obligée. La bienfaisance est inspirée par la justice : « Misericordia quaedam justitiae portio est... Il est injuste que ton semblable ne soit point aidé par son compagnon, surtout quand le Seigneur Dieu a voulu que cette terre fût la commune possession de tous les hommes et leur servît à tous ses produits ; mais l'avarice a réparti les droits de possession : avaritia possessionum jura distribuit ».*

S. Basile tiendra le même langage aux spéculateurs lors de la disette de Cappadoce : « *La terre a été faite pour tous, c'est le commun héritage que les frères ont reçu du Père commun. Ils jouissent ensemble de l'air, du soleil, de la pluie, pourquoi ne jouiraient-ils pas ensemble du sol qui les porte et les nourrit ? Pourquoi la propriété en est-elle audacieusement réclamée par un petit nombre ? Les anges se sont-ils partagés le ciel pour que nous ayons à partager la terre ? Les oiseaux parcourent l'air comme leur domaine et jouissent ensemble du libre espace qui leur est donné. Les troupeaux pâturent sur les croupes d'une même montagne. Les chevaux sauvages galopent dans les mêmes plaines sans se les disputer ; et chacun prend, sans nuire à autrui, ce qui est nécessaire pour son existence. Nous seuls nous mettons à part, nous cachons dans notre sein ce qui est commun à tous ; un seul homme a le bien de plusieurs* ».

S. Jean Chrysostome développe les mêmes thèmes. Mais il reconnaît, avec ses prédécesseurs, la légitimité de principe de la propriété, il met davantage en doute la justice de son origine : « *Tu possèdes le résultat du vol, si tu n'es pas toi-même un voleur* » ; en quoi il fait écho à S. Jérôme : « *Toutes les richesses ont à leur origine une injustice. Si l'un n'avait pas perdu, l'autre n'aurait pu acquérir... Tout homme riche est un voleur ou un fils de voleur* ». – On lira les textes des Pères formellement en faveur de la propriété dans SCHWALM. –

Mais ces Pères s'adressent aux propriétaires qui n'observent pas les règles de justice dans l'acquisition ou l'usage de leurs biens ; ils ne condamnent pas la propriété en elle-même. Autre chose est de dire : « *la propriété c'est le vol* » et « *les propriétaires sont des voleurs* ». Au temps où cette dernière qualification était attribuée, elle était exacte *ut in pluribus.* Il est aisé de comprendre le motif de ce jugement. « *N'êtes-vous pas un avare et un voleur, demande S. Basile, vous qui vous appropriez ce que vous avez reçu pour le communiquer ? Si l'on appelle voleur celui qui dérobe un vêtement, doit-on donner un autre nom à celui qui, pouvant, sans se priver lui-même, revêtir un pauvre, le laisse néanmoins sans vêtement ? », et S. Jérôme affirme encore que « c'est une sorte de sacrilège que de ne pas donner au pauvre ce qui est le bien du pauvre* ».

Ces expressions, connues sans nul doute de S. Thomas, devaient être entendues pour l'intelligence de sa doctrine. Les nuances qu'il introduira dans la solution du problème de la répartition des biens tiendront compte de l'enseignement patristique, tout en restant fidèles aux exigences de la philosophie sociale.

Cette suspicion dont est grevée la propriété vient non seulement de ses abus, mais de cette conception courante chez les Pères et chez les scolastiques, selon laquelle la division des biens serait une conséquence du péché originel. On en trouve l'expression dans un texte d'une décrétale faussement attribuée à Clément de Rome : « *En bonne justice tout devrait appartenir à tous. C'est l'iniquité qui a fait la propriété privée* ». S. Thomas ne fait pas de difficultés pour reconnaître la part de convention et de droit positif qui est à l'origine de l'institution de la propriété : « *Dans l'état actuel, écrit-il, la multitude des possesseurs a rendu nécessaire la division des possessions ; car comme le remarque Aristote au IIe Livre des Politiques, chp.5 : la communauté de possession est une occasion de discorde. Mais dans l'état d'innocence, les volontés des hommes auraient été si bien rectifiées qu'ils auraient pu jouir en commun des biens qui étaient en leur pouvoir, chacun en usant selon ses besoins, sans qu'ils aient été exposés à se quereller entre eux ; puisque même à l'heure actuelle nous voyons beaucoup d'hommes de bien vivre de la sorte* ».

On voit mieux alors que le jugement à porter sur tel ou tel régime économique (on pourrait ajouter : politique), ne vise qu'une préférence en faveur de l'un ou de l'autre. Quelle est la meilleure façon de vivre en commun ? Quel est le meilleur mode d'aménagement des possessions, étant donné les circonstances présentes dans tel pays ? De soi, collectivisme et propriété sont légitimes, mais nullement obligatoires. La nature ne prescrit ou ne repousse ni l'un ni l'autre. C'est aux hommes à s'organiser au mieux de leurs intérêts et des exigences de la vie sociale. Il n'est que d'interroger les faits.

Ici encore les interprétations peuvent différer. Devant les richesses malhonnêtement acquises des grands spéculateurs du commerce, S. Jean Chrysostome suggère ses préférences collectivistes : « *Ces glaçantes paroles, le tien et le mien, quelles causes de luttes et d'ennuis ! Supprimez-les : plus d'inimitiés, ni de noises cherchées : ainsi la communauté des biens nous convient beaucoup mieux et répond mieux à la nature* ».

On pourrait évoquer la mise en commun des biens dans la primitive Église de Jérusalem ou dans les ordres religieux. Mais ce sont là des cas très spéciaux conformes à la tendance spontanée de la charité, et qui n'ont jamais été obligatoires pour tous. S. Thomas fait remarquer (III C. Gent, 135) que si les Apôtres ont institué un tel mode de vie, c'est en prévision des persécutions et de la ruine de Jérusalem. Ils avaient été avertis que leur séjour en Judée serait abrégé ; et l'on sait, par ailleurs, que loin d'être une réussite, cet essai menait... à la famine. Entre toutes les communautés chrétiennes, celle de Jérusalem fut pauvre et dut recevoir des secours des autres Églises. Cf. I Cor., XVI, 3 ; Cor., XV, VIII, 4 ; Rom. XV, 25, 26.

C'est surtout en commentant Aristote que S. Thomas est amené à juger le communisme, au nom de la philosophie sociale. Le Stagirite avait, en effet, à décider du bien-fondé du collectivisme proposé par Phaléas de Chalcédoine au VIe siècle, Hippodamos de Milet au Ve siècle et surtout Platon dans sa *République* (IVe siècle). Les objections comme la réponse veulent s'autoriser de l'observation des sociétés hellénistiques. (Politique, II, I et 2).

Pour Phaléas, la propriété est l'unique cause des révolutions. Tous les bouleversements sociaux de la Grèce jusqu'au VIe siècle sont dus à la convoitise du sol ; mais ces critiques fondées en leur temps avaient perdu de leur force deux siècles plus tard. Aristote n'a pas de peine à le montrer, tout en contestant que l'inégale répartition de la propriété foncière provoque la crise sociale ; celle-ci est due avant tout au désir d'émancipation et de domination. La réforme n'est pas à instituer dans les fortunes, mais dans les passions. Aristote, (Polit, *II. 4.)* Est-il besoin de souligner que le but de tous les systèmes collectivistes élaborés jusqu'à nos jours est toujours le même ? Le premier réformateur aurait reconnu son idéal dans cette phrase d'un moderne : « *rendre pour tous les hommes le monde plus habitable par la disparition successive des iniquités sociales* ».[38]

Aristote ne s'arrête guère à la réforme agraire d'Hippodamos par trop imprécise, mais entreprend une critique vigoureuse du communisme rêvé par Platon. Pour ce dernier, la société idéale serait celle dont les membres mettraient tout en commun : femmes, enfants, biens. Il ne faut pas que l'individu puisse avoir des intérêts séparés de ceux de l'État. Or si la famille est toujours préférée à l'Etat et rend ses membres indifférents aux autres citoyens et au bien de l'Etat, la propriété est elle aussi une source incessante de divisions ; elle engendre l'inégalité et celle-ci la guerre. « *Platon s'est donné beau jeu dans sa critique de la propriété privée. Il l'a chargée de méfaits dont elle n'est pas responsable. Pour lui, discordes entre les citoyens, faux témoignages, procès à propos de l'exécution des contrats, vils empressements auprès des gens riches, guerres civiles, tout cela et beaucoup d'autres choses encore seraient imputables à la propriété privée* »[39]. On remarquera que ces méfaits sont au contraire attribués à Aristote et S. Thomas au communisme. À vrai dire ce ne sont pas les régimes d'appropriation ou collectivistes qui sont pervers, mais le cœur humain (Polit., II. 2). Toute la question

---

[38] A. Millerand, *Le socialisme réformiste, p.8.*

[39] M. DEFOURNY, *Aristote, Etudes sur la « Politique »,* p. 109.

est de savoir dans quel système ces maux seront les plus atténués.

S. Thomas fait d'abord cette remarque générale que le fondement de la loi socratique n'est pas raisonnable. C'est un besoin exagéré d'unification sociale ; logiquement elle conduirait à faire rentrer la société dans le néant, car pour qu'il y ait société, il faut une multitude et que dans cette multitude il y ait des inégalités, et que tout le monde ne commande pas en même temps. La société n'existe qu'à ce prix, car ce n'est que dans ces conditions qu'elle peut atteindre sa fin (lec. I).

La possession en commun des femmes et des enfants n'est pas le moyen d'obtenir cette unité sociale que rêve la politique socratique (lec.2) ; elle est par surcroît la source de difficultés nouvelles (lec. 3).

Quant au communisme des biens, on peut en imaginer trois variétés : 1° Les fonds de terre sont possédés individuellement, mais les fruits sont consommés en commun. 2° Les possessions et la culture sont communes, mais les fruits en sont partagés entre les citoyens, pour l'usage individuel de chacun. 3° Bien fonds et fruits sont en communauté (lec. 4).

Quel que soit le système adopté, il entraîne bien des maux et supprime des avantages. D'autre part, il sera impossible d'égaliser comme il faudrait, ni la participation aux travaux, ni la participation aux bénéfices. De là des conflits. De plus une trop grande communauté, surtout dans les possessions et les services, est source de discorde. La meilleure condition pour ne pas se quereller c'est d'être chacun dans son bien ou ses affaires.

D'autre part, s'il est certain qu'il y a du bon sens dans la communauté et la propriété, il est évident que si la propriété est admise et qu'elle soit régie par de justes lois, elle présente à la fois les avantages des deux systèmes et dès lors l'emporte de beaucoup en perfection et en utilité sur le communisme. Du fait que chacun a son bien à soi, il s'ensuit que n'ayant pas à s'ingérer dans les affaires des- autres, il évite beaucoup de litiges. Ayant plus de sollicitude et de persévérance pour ses propres affaires, il accroît davantage sa fortune. Par ailleurs il doit y avoir dans les mœurs et les vertus des citoyens, et même dans les lois, des dispositions qui rendent facile et d'une certaine façon commune la participation aux différents biens. « *Il est donc manifeste que c'est bien mieux que les possessions soient propres quant au pouvoir, et deviennent d'une certaine manière, communes quant à l'usage. Mais comment l'usage des biens propres peut-il devenir commun ? Cela relève de la providence d'un bon législateur* ».

C'est l'idée de propriété, pénétrée de l'idée de société, comportant un service social. Il est normal que l'accomplissement de ce devoir social ne soit pas entièrement laissé à la seule bonne volonté des possédants. Il n'est pas davantage admissible que tous les besogneux soient autorisés à se servir, au gré de leurs besoins ou de leurs caprices, sur les biens des riches, ce serait la ruine de la propriété.

Ce sont deux excès à éviter. Le mieux sera que le service social de la propriété se trouve obtenu par le jeu souple et convergent des institutions et des mœurs, par les vertus des citoyens et les lois. Tout cela faisant que, dans un état bien organisé, toutes les forces sont utilisées dans le sens du véritable intérêt humain de la communauté.

Toutes les formes de possession devraient être pénétrées de cette finalité.

On peut ajouter encore que le communisme supprimerait la satisfaction très naturelle qu'éprouve tout homme d'être propriétaire : « *On ne saurait assez dire combien est délectable la pensée d'avoir quelque chose à soi. Cette jouissance vient de l'amour que l'homme se porte à lui-même, c'est en vertu de cet amour qu'il se veut du bien. Et qu'on ne dise pas que cette amitié de chacun envers soi-même est une futilité, c'est le vœu de la nature* ».

De plus le communisme interdirait cette satisfaction plus noble que l'on ressent à venir en aide à autrui, et que permet seule la propriété.

Enfin il supprime beaucoup d'occasions d'exercer certaines vertus : la tempérance, la libéralité, etc.

Dans la leçon 5 et dès la fin de la leçon 4, S. Thomas esquisse une plus ample critique de tout le système. Il a, dit-il, une certaine apparence qui séduit « *videtur bona in superficie* », et cela pour deux raisons : D'abord parce que c'est toujours à venir !... « *Lorsque quelqu'un entend dire que toutes choses seront communes entre les citoyens, il en reçoit l'annonce avec joie, jugeant admirable cette amitié future qui fera que tous les biens seront effectivement à tous* ». *Puis parce qu'il se vante de supprimer les maux actuels dont on rend responsable le régime d'appropriation. C'est à tort, car ces maux viennent de la malice des hommes. Dans le communisme, ce serait bien pire.*

Au fond, il y a dans le communisme une grande insuffisance (lec. 5). D'une part une utopie philosophique, car cette unité impossible est une chimère. Et d'autre part beaucoup d'inexpérience des réalités humaines. En outre, même les éléments positifs élaborés par le système ne tiennent pas, ils se heurtent à des difficultés d'organisation dont on ne peut sortir. Voilà sans doute pourquoi, à la réflexion et après avoir subi les railleries d'Aristophane dans l'Assemblée des Femmes, Platon ne présente plus, dans Les Lois, le communisme que « comme le régime idéal pour une humanité parfaite. Il le sacrifie dans la pratique et maintient en fait la propriété privée ».

Telles sont les données qu'avait recueillies S. Thomas en abordant la question de la propriété dans la *Somme théologique*. La morale patristique était parfaitement d'accord avec le principe Aristotélicien : « *La propriété doit être commune tout en restant particulière* ». Quelle convergence idéale pour l'Aquinate qui recueille l'une et l'autre traditions et doit leur donner leur expression définitive !

**Le pouvoir de gestion.* Les possessions doivent-elles rester dans l'indivis ou être attribuées entre les individus à titre privé ? En réponse aux objections qui rejettent la légitimité de l'appropriation, S. Thomas cite la condamnation portée par S. Augustin contre les « Apostoliques » ; ceux-ci refusent tout espoir de salut aux propriétaires ; mais une telle opinion ne peut se soutenir dans l'Église ; c'est une hérésie. C'est une erreur de dire qu'il n'est pas permis à un homme de posséder des biens en propre.

S. Augustin légitime l'appropriation, par l'histoire du jeune homme riche, les recommandations de S. Paul à Timothée, la description biblique des richesses d'Abraham, d'Isaac et de Jacob, toutes bénies de Dieu[40].

De fait, l'Église a pris parti dans cette question sociale. Par sa pratique, elle autorise la propriété ; elle n'a jamais admis qu'on la réprouve au nom de l'esprit évangélique ou des traditions apostoliques. Pie IX condamne le communisme dans les encycliques : *Qui pluribus (1846) et Quanta cura (1864).*

Comme les précédents documents, le *Syllabus* le qualifie de « peste ». La propriété, par ailleurs est revendiquée en termes exprès dans les encycliques : *Quoad Apostolici muneris (1878) et Rerum Novarum (1891)* de Léon XIII, et *Quadragesimo anno (1932)* de Pie XI. Sa légitimité fait partie de l'enseignement ordinaire et universel de l'Église : « *Le bien*

[40] *Epist.,* CLVII, *Ad Hilarium,* n. 23, 25, 26 ; P. L., t. XXXIII, col. 686, 687 ; d'après SCHWALM. I. I., col. 581.

d'autrui tu ne prendras ni retiendras à ton escient », qui fait écho au précepte du Décalogue « *Non furtum facies* ».

L'assertion : « *La propriété, c'est le vol* »[41]. s'oppose à la vérité catholique comme contradictoire. Elle ne semble pas cependant être actuellement une proposition formellement hérétique, car elle ne va pas contre une proposition solennellement définie ; mais parce qu'elle s'oppose à une conclusion théologique absolument certaine et à l'enseignement commun unanime de l'Eglise, on peut la qualifier d'erronée et de « *proche d'hérésie* ».

S. Thomas avait raison d'affirmer : « À l'égard des biens extérieurs, deux attributs conviennent à l'homme : d'abord le pouvoir de les gérer et d'en disposer – *potestas procurandi et dispensandi* - et sous ce rapport il lui est permis de posséder des biens en propre... »

La *procuratio* est le soin ou le souci que l'on a de quelque chose, l'administration ou la gestion. Le procurateur ou procureur est celui qui donne ses soins, un intendant, un régisseur, un gérant, un administrateur. Le mot de « soin » (*cura*), seul ou en composition, revient cinq fois, dans la première partie de l'article ; car toute la question semble être de savoir comment assurer la meilleure gestion des possessions. Dans les *Politiques (*II, 2), S. Thomas avait dit, avec une redondance encore plus explicite : « *Nous voyons que l'on prend très peu de soin des choses qui sont à tous, car tout le monde a surtout soin de ses biens propres. Les hommes ont moins soin des choses communes que de ce qui appartient à chacun ; de telle sorte que les choses possédées en commun seront l'objet de moins de soin, qu'on ne leur donnerait de soins si elles étaient à un seul* ».

Ce n'est pas là toutefois l'acte essentiel de la propriété, à savoir la jouissance au bénéfice du propriétaire des fruits de

[41] PROUDHON, *De la justice dans la révolution, t. I, p. 301)*

ses possessions. Mais pour obtenir ces fruits, il faut produire un certain travail, des efforts, entourer son domaine de soins ; et pour que le rendement de ces possessions soit assuré dans les meilleures conditions, l'homme doit disposer d'un droit strict de gestion et d'administration. Le propriétaire d'un champ par exemple, est libre de déterminer l'espèce de céréale qu'il y cultivera, de fixer à son gré le mode de culture qui lui semble le plus convenable. Il pourra, de même, réaliser en argent liquide la valeur de son domaine. Il a, en effet, le droit de disposer de ses biens, *« potestas dispensandi » ;* l'expression est à peu près synonyme de la précédente, mais implique en outre un pouvoir de répartition, de distribution. « Dispenser, c'est, à proprement parler, faire aux individus la distribution d'une chose qui leur est commune. C'est pourquoi celui qui gouverne une famille est appelé dispensateur, parce qu'il distribue à chaque membre de la famille, avec poids et mesure, les travaux et les biens nécessaires à la vie ». Il faudrait voir ici une charge, une fonction de la vie sociale. Il est nécessaire que celui-là même qui travaille et produit ait encore le soin de disposer des richesses qu'il s'est acquises, et le mérite de les distribuer comme il convient « *merita bonae dispensationis* ».

Si les termes employés marquent qu'il s'agit plutôt d'une distribution que d'une jouissance exclusive, ce serait retomber dans le communisme que de soustraire au propriétaire d'un champ, qui a obtenu une récolte de céréales par exemple, le droit de disposer de cette récolte, de la vendre, de la transformer en farine, etc. Les biens possédés imposent leur finalité au propriétaire qui sera tenu de quelque façon d'assurer leur destination sociale ; son droit subjectif de propriété porte formellement sur la bonne gestion des fruits de son domaine ou de son capital. Dire qu'il en doit faire un bon usage conforme aux exigences de la nature, est une manière d'affirmer le pouvoir d'usage, et c'est cela qui est précisément la propriété : *posse uti.*

Ce droit personnel est légitime. « Il est même nécessaire à la vie humaine ». Non seulement il est licite, et rien ne s'y oppose ; en s'appropriant les biens on ne pèche pas ; mais il est requis normalement et absolument parlant, ainsi que les réflexions subséquentes vont le prouver. Cette considération prise de la vie humaine que S. Thomas ne conçoit jamais que comme une vie sociale, montre qu'il envisage le problème moins du point de vue de la morale individuelle que dans le cadre de la vie en société. Il ne s'agit pas tant ici des vertus du propriétaire, si étrange que cela puisse paraître à cet endroit de la *Somme*, que du bien-fondé du droit de propriété auquel s'attaque le vol. De plus, il faut concevoir cette vie humaine telle que nous la menons depuis le péché originel dans notre état de nature déchue qui nous porte à la paresse, l'égoïsme, la colère etc. C'est dans ces conditions que la propriété est moralement nécessaire. On peut trouver des groupes plus ou moins restreints d'hommes vertueux qui corrigent leurs instincts mauvais, mais l'on doit se baser non sur des exceptions ou des principes absolus, mais sur l'expérience quasi-universelle. Les raisons qui militent en faveur de la propriété aboutissent à des conclusions de valeur relative, sinon probables. On soulignera les expressions mesurées de S. Thomas. Avec la propriété, dit-il, « res *magis* sollicite procurentur ... *ordinatius* tractentur,... *magis* pacificus status hominum conservetur ». Supprimons les comparatifs et les hommes vivront quand même, mais moins à l'aise, moins en ordre ; il y aura moins de paix etc.

En effet, le premier argument en faveur du droit de propriété est pris de ce fait d'expérience : le *travail* est *plus intense* lorsqu'il est stimulé par l'amour du bien propre, « *id quod sibi soli competit* ». Or c'est dans la gestion individuelle de la propriété que cet attrait naturel trouve à s'exercer. « *Si l'on veut donner à cet argument toute son ampleur, on doit, semble-t-il, l'énoncer comme suit : Pour que l'humanité se conserve et progresse, il est nécessaire que les hommes travaillent. Mais le travail étant essentiellement pénible et répugnant à leur nature, les hommes s'y déroberont s'ils n'y sont poussés par un stimulant approprié. Or, sous le régime de la communauté des biens, la responsabilité individuelle et l'intérêt personnel ne seraient pas suffisamment éveillés. Il faut opter pour le régime de la propriété privée, éminemment propre à développer l'activité productrice ».*[42], [43].

Autant le travail, s'impose à l'humanité comme une loi morale et comme une nécessité économique, autant l'effort pénible qu'il suppose et la fatigue qu'il engendre répugnent à chaque homme, que l'on pourrait définir : un animal paresseux « *unusquisque laborem fugiens...* ». Pour triompher de cette inertie, il faudra toute l'attirance de l'intérêt personnel. Seul il pourra décider l'homme à l'emploi de moyens onéreux pour l'obtention d'avantages et de bénéfices personnels.

Cet argument psychologique très simple permet de conclure que la propriété est source de plus grandes richesses ; chacun ayant à cœur d'exploiter consciencieusement ses biens, d'obtenir un meilleur rendement afin de se procurer plus d'agrément, de confort, une plus haute situation sociale.

La gestion individuelle ne garantit pas seulement une plus grande quantité d'efforts, mais une meilleure qualité de travail. Il y aura un ordre plus parfait dans la société si chacun a la responsabilité personnelle de ses entreprises. Non seulement la propriété favorise l'invention de méthodes perfectionnées et demeure le meilleur remède contre

---

[42] Cf. M – B. SCHWALM. *La propriété d'après la philosophie de S. Thomas,* dans *Revue Thomiste, 1895,* p. 645. Sq. Ces deux articles sont les meilleurs commentaires qui aient été écrits.

[43] S. DEPLOIGE, *La théorie thomiste de la propriété,* dans *Revue Néo-Scolastique, 1895.* P. 70. Cf. M – B. SCHWALM. *La propriété d'après la philosophie de S. Thomas,* dans *Revue Thomiste, 1895,* p. 645. Sq. Ces deux articles sont les meilleurs commentaires qui aient été écrits.

l'indiscipline, l'anarchie et la gabegie – car chacun met tout son soin à bien gérer ce qui lui appartient, - mais par le fait même, la stabilité et le progrès de la société se trouvent assurés pour l'avenir. On suppose, que le propriétaire pourra encore disposer de ses biens après sa mort, et que cette faculté de tester et de répartir les fruits de son travail entre ses descendants ne sera pas sans effet sur l'épargne et la sage administration des richesses. Le communisme ne peut se défendre contre une telle observation : « Si n'importe qui devait administrer n'importe quoi » et que cette gestion soit temporaire et sans profit immédiat pour l'intéressé l'on ne pourrait éviter cet apaisement des consciences médiocres : Après moi, le déluge !

Ce contentement et cette joie que possède tout propriétaire à gérer son bien entraînent une conséquence d'intérêt général et d'immense portée : la paix sociale sera mieux assurée. S. Thomas remarque, en effet, que de fréquentes querelles surgissent entre les communs possesseurs d'un même domaine indivis. On ne saurait fixer, une égalité parfaite dans les charges et les bénéfices de tous les membres d'une société collectiviste ; de plus les uns travailleront davantage que les autres ; ces inégalités dénoncées par les convoitises, la jalousie et les plus basses passions sont la source du mécontentement général, du désordre et finalement de la guerre sociale. Il en va tout autrement si le travailleur possède le fruit de son effort. À chacun revient le soin de « faire » sa fortune. S'il la veut grande, elle lui coûtera davantage, mais on serait mal venu de lui contester la légitimité de ses acquisitions.

Toutefois ce dernier argument qui semble décisif en faveur du régime économique d'appropriation est exploité par d'autres en faveur du collectivisme. Ils rendent la propriété responsable des injustices sociales, de l'oppression des pauvres par les riches et finalement de la « *lutte des classes* ».

Cette mauvaise observation sociale, n'engage pas la critique que nous serions en droit de développer sur ce point. L'enseignement de l'Église, les analyses d'Aristote, les réflexions de S. Thomas sont suffisamment nets. Il faut évaluer cependant la portée exacte des raisonnements qui précèdent.

**La propriété est une institution de droit des gens.* Si la possession est de droit naturel, la distinction des possessions relève du droit positif. C'était, avec des nuances diverses, la doctrine de Cicéron, Sénèque, S. Ambroise, S. Augustin. La propriété n'est, certes, pas inscrite dans la nature des choses, ce droit ne sera pas absolument naturel. À ce premier degré, c'est la communauté qui est conforme au vœu de la nature. « *... les biens terrestres n'ont pas été cadastrés par la nature* », le champ ne pousse pas naturellement ses bornes. Ainsi les titres distinctifs de la propriété ne se trouvent pas dans la nature ; mais celle-ci n'exige pas pour autant que les possessions restent dans l'indivis. Ce n'est qu'en un sens négatif que l'on peut dire que la communauté des biens relève du droit naturel.

Il est bien entendu que S. Thomas ne vise ici ni un régime défini d'appropriation tel qu'il peut être réalisé ici ou là, ni les droits particuliers de telle personne, dont les titres d'acquisition peuvent être plus ou moins légitimes. Toutes les lois et conventions qui règlent cette organisation concrète sont évidemment du droit positif.

Mais l'institution même de la propriété relève de façon précise du droit des gens, lequel est envisagé par S. Thomas, tantôt comme une catégorie du droit positif : « *le droit positif, écrit-il, se divise en droit des gens et en droit civil* », tantôt comme une conclusion immédiate du droit naturel. (I a II ae,qu. 95, 4, où il s'agit de justifier la classification d'Isidore de Séville, *Etym.* V, 4, qui oppose le droit des gens au droit naturel – Le droit des gens comme le droit civil dérivent tous deux du droit naturel. Le premier par mode de déduction, le second par détermination. L'un et l'autre peuvent être sanctionnés par la loi et rentrent alors dans la catégorie du droit positif.

Qu'est-ce que ce droit des gens ? C'est celui qui n'est pas, absolument parlant, imposé par la nature des choses, mais ne provient pas non plus d'une convention expresse entre les hommes. C'est une conclusion de la raison humaine, il ressort du bon ordre et de la logique des choses. Il ne s'impose pas à l'esprit comme le droit naturel premier, sa rigueur est moindre, mais c'est tout proche d'être juste et de la façon la plus naturelle.

En effet, à partir des premiers principes évidents dans l'ordre de l'action, la raison recherche les moyens aptes à poursuivre les fins essentielles de la vie humaine et à prévenir les obstacles à leur réalisation. Or l'homme vit en société ; le respect de la personne d'autrui, la paix et la bonne entente entre tous sont des fins secondaires qui s'imposent à toute saine réflexion ; elles sont en connexion immédiate et nécessaire avec les premiers principes de la moralité naturelle dont elles sont déduites. Telle est la définition du droit des gens. Ce n'est pas encore le droit civil, mais c'est celui dont on convient spontanément entre gens sensés et raisonnables parce que c'est dans la logique des choses, tout le monde en convient un peu partout.

Par ailleurs, en morale comme en droit c'est le jugement des honnêtes gens qui a valeur d'axiome et fait autorité. De même, dit S. Thomas, qu'un aliment doux est plus agréable au goût, mais que pour les uns ce qui est le plus agréable c'est la douceur du vin et pour d'autres celle du miel, et que pour trancher le débat, il faut s'en rapporter à celui qui a le meilleur goût. Ainsi le meilleur goût en morale ou en droit doit se juger d'après celui qui a les meilleures dispositions affectives, une parfaite rectitude morale. Le raisonnement qui déduit les conclusions pratiques à partir des principes de la moralité peut, en effet, être vicié par l'influence des passions, l'ignorance, les coutumes perverses, *« une mauvaise disposition naturelle »*. S. Thomas fait remarquer par exemple que les anciens Germains innocentaient le brigandage, encore qu'il soit expressément contraire à la loi de la nature.

Or, la propriété sera de droit des gens si, au jugement des hommes sensés et de volonté droite, elle est ce qu'il y a de plus favorable à l'ordre et conforme aux meilleures conditions de l'existence humaine. C'est d'ailleurs l'exemple que S. Thomas allègue en faveur de la distinction du droit des gens et du droit naturel premier : Pour qu'une terre soit bien cultivée et qu'on ne soit pas toujours en conflit à son propos, on saisit qu'il faut la confier à quelqu'un qui aura sur elle un droit de propriété ; c'est le droit des gens non un droit naturel premier.

Si de telles conclusions ont valeur relative et ne semblent s'imposer que comme une nécessité conditionnelle *(non secundum absolutam sui rationem)*, elles ne sont pas pour autant facultatives. Tout moyen nécessaire aux fins essentielles de la vie humaine s'impose à la conscience à titre de précepte secondaire et cela de deux manières : tout d'abord, parce qu'elle empêche totalement que la fin soit atteinte : par exemple manger trop ou trop peu s'oppose à la santé du corps qui est comme le but principal de l'acte de manger ; puis au bon exercice des opérations vitales, ce qui est la fin secondaire. D'une autre façon, cette action peut rendre simplement plus difficile ou moins parfaite la réalisation de la fin ; comme, par exemple, un repos déréglé, pris au moment où il ne faudrait pas.

Si l'action est disproportionnée avec la fin principale qu'elle empêche directement et totalement, la loi naturelle l'interdit au nom des préceptes primaires qui sont, dans l'ordre de l'action, comme les axiomes communément reçus dans l'ordre de la spéculation.

Si, au contraire, cette action n'est disproportionnée qu'avec une fin secondaire, ou même avec une fin principale, mais seulement en rendant sa réalisation moins facile et moins parfaite, la loi naturelle l'interdit, non plus en vertu de ses préceptes primaires, mais en vertu de ses préceptes secondaires qui sont comme les conclusions de l'ordre spéculatif qui tiennent leur évidence de principes évidents par eux-mêmes ».[44]

La société est une fin principale ayant valeur de principe premier, et que la paix et l'ordre sont des moyens immédiats de réaliser cette fin principale et s'imposent comme des fins secondaires ; il s'ensuit la nécessité d'une institution qui garantisse cette paix, la propriété par exemple, la condamnation du vol, etc (cf. V Ethiq., 12). Ce rapport de convenance ou d'opposition avec la fin proprement humaine est la définition de l'obligation morale pour S. Thomas. J. HENRY a fort bien écrit : « *Au primordial devoir qui s'impose à l'homme de réaliser en soi – au maximum – l'humanité et pour cela de progresser, est lié le devoir de société. Le but de la société – institution du droit naturel strict – est le mieux vivre de ses membres, la convergence des lignes de progrès vers la rationalisation totale de la vie. Dès lors, il ne sera plus loisible à l'homme de préférer le moins au plus, la stagnation au progrès, un état social inférieur à celui qui pourrait être et garantir supérieurement l'épanouissement des virtualités humaines. À cet égard il y a un devoir de propriété comme il y a un devoir de société, les deux devoirs n'étant pas mis pour cela sur le même plan.*

---

[44] Cf. M – B. SCHWALM. *La propriété d'après la philosophie de S. Thomas,* dans *Revue Thomiste, 1895,* p. 645. Sq. Ces deux articles sont les meilleurs commentaires qui aient été écrits.

Devoir de propriété, c'est-à-dire obligation de se plier à la nécessité reconnue du régime de la propriété privée. Le fait que certains hommes renoncent en vue de fins supérieures – progrès spirituel plus victorieusement ascendant – à l'appropriation privée des biens n'est nullement en opposition avec la nécessité en question et ne l'entame pas ».

Ces réflexions montrent que si la propriété n'est pas imposée comme un *principe* de droit naturel, elle participe aux exigences de ce droit. C'est à la vérité du droit naturel de seconde zone – *naturalis secundo modo.* Cette distinction, ignorée d'Aristote, vient des juristes romains. Outre le droit naturel premier commun à l'homme et aux animaux, il y a un droit naturel propre à l'homme qui suppose une déduction rationnelle. « *Le droit naturel, écrit S. Thomas, est celui auquel la nature incline l'homme. Mais celui-ci a une double nature. L'une qui lui est commune avec l'animal. L'autre proprement celui humaine selon laquelle il discerne, grâce à l'intervention de la raison, ce qui est honnête ou honteux. Or les juristes dénomment seulement droit naturel celui qui est conforme à l'inclination de la nature commune à l'homme et aux autres animaux. Quant au droit conforme à l'inclination de la nature proprement humaine, qui fait que l'homme est un animal raisonnable, les juristes l'appellent droit des gens. L'un et l'autre droit sont à ranger dans l'acception du droit naturel, tel qu'Aristote l'envisage* ». (Eth. Ad Nic., cf. IV Sent., dist. 33, qu. Art. sol. 4 : I a II ae, qu. 95. Art. 4. Sol. I).

On comprend alors que S. Thomas, après avoir dit selon une expression traditionnelle que le droit de propriété est un droit positif, souligne qu'il est le fruit des conventions humaines *« per humanum condictum »,* et qu'il précise cette distinction du droit naturel premier par ces mots : « *La propriété des possessions ne lui est pas contraire, mais s'y ajoute comme une découverte de la raison humaine* ».

On peut concevoir de la façon suivante le raisonnement requis pour découvrir l'exigence de la propriété en fonction du droit naturel : La vie en société est *naturelle* et *nécessaire* à l'homme. La raison en *conclut* à la nécessité des conditions qui rendent cette existence en groupe possible, viable, c'est-à-dire de tout ce qui procure la paix, l'ordre, la justice, le progrès. Elle s'enquiert des institutions et des manières de vivre les plus adéquates à cette exigence primordiale. La propriété apparaît précisément comme étant d'une utilité sociale certaine, comme étant apte à conserver l'ordre, la paix, la justice et à promouvoir le progrès dans la cité. S. Thomas a bien raison d'affirmer qu'elle est « *nécessaire* » à la vie humaine ».

C'est une sorte de syllogisme dont la majeure est fournie par les principes du droit naturel et la mineure par les données sociales *(respectus ad opportunitatem),* et les quasi-conclusions, tout en ayant leur évidence propre, sont empreintes d'une certaine relativité.

Léon XIII, dans l'encyclique *Rerum Novarum* a fort bien précisé le rôle de ces déductions des premiers principes, lesquels dénoncent les inclinations foncières de la nature. Lorsqu'il affirme que la propriété est de droit naturel, il explique : « *C'est avec raison que l'universalité du genre humain, sans s'émouvoir des opinions contraires d'un petit groupe, reconnaît en considérant attentivement la nature que, dans ses lois, réside le premier fondement de la répartition des biens et des propriétés privées : C'est avec raison que la coutume de tous les siècles a sanctionné une situation si conforme à la nature de l'homme et à la vie calme et paisible des sociétés. La propriété est une institution de droit naturel second, quasi-universelle, que presque tous les peuples ont établie sans entente préalable, comme l'une des meilleures conditions de la vie en société* ».

Si le principe d'un tel régime est théologiquement inattaquable, son application à telle société et ses modalités demandent toujours le contrôle de l'expérience. La préférence que S. Thomas lui accorde d'une façon absolue sur le collectivisme se fonde sur la connaissance de l'humanité présente, incapable d'un progrès illimité. Cette préférence, comme le remarque le P. Schwalm, se fonde sur des observations qui ne seraient pas généralement vraies chez les nomades au désert de Syrie ; mais s'impose à l'Occident : « *Le régime communiste des biens, et particulièrement du sol, ne procure le vivre et la paix que dans les pays de productions spontanées abondantes, où des travaux de simple récolte suffisent en général ; c'est le régime des pasteurs de grandes steppes, et surtout des steppes riches, bien arrosées ; le régime aussi des châtaigneraies du Limousin ou de la Corse ; et là, ce régime est selon la justice, parce qu'il assure à tous les moyens de vivre en travaillant. Mais partout où le sol, où les travaux que comporte le sol exigent main-d'œuvre énergique et méthodes précises, l'indivision nuit au travail et à la paix. Les plus laborieux et les plus avisés ne veulent point partager le fruit de leurs efforts avec des incapables et des paresseux ; ils réclament comme une justice la possession d'une terre, d'un outillage et d'une récolte qui valent à proportion de leurs peines. En se maintenant malgré eux, le régime collectiviste serait oppression et injustice. Les préférences de S. Thomas sont parfaitement fondées dans l'hypothèse des travaux d'extraction et de fabrication plus intenses où l'Europe du Moyen Âge primait l'Orient semi-pastoral. De nombreuses observations, devenues classiques parmi les économistes de toute école, illustrent de nos jours cette conclusion* ».

C'est là une excellente illustration de la remarque de S. Thomas : « *Les choses justes et bonnes peuvent être considérées de deux façons : selon leur forme de bien, et ainsi elles sont toujours et partout les mêmes ; car les principes du droit, qui sont dans la raison naturelle, ne changent pas ; puis selon leur matière, et ainsi les choses justes et bonnes ne sont pas les mêmes partout et pour tous, à cause des variations de la nature humaine, à cause des conditions diverses des lieux et des temps ».*

**Le commun usage des biens.* Un propriétaire disposant de ses biens, pourvu à leur égard de titres légitimes. Quel usage va-t-il en faire ? Maître de la production a-t-il au même titre le droit de se réserver la consommation ? La conception individualiste, qui ne tient compte que du droit s'exprime dans la formule de l'art. 544 du Code Napoléon : « *Le droit de propriété est le droit de jouir et de disposer des choses de la façon la plus absolue, pourvu qu'on n'en fasse pas un usage prohibé par les lois et les règlements* ».

La conception de S. Thomas est toute autre. Il n'admet pas que l'on puisse arbitrairement user de ses biens, sans violer la justice ni pécher. *« L'usage d'un bien personnel n'est pas nécessairement bon, quelle que soit la façon dont on en use. Il faut encore que l'on en use comme on le doit, dans les circonstances voulues* » ; non seulement il revendique la propriété comme une nécessité d'ordre social, mais il élabore la morale du propriétaire en fonction de la finalité des biens possédés : « *Quant à l'usage, dit-il, l'homme ne doit pas posséder les biens extérieurs comme s'ils lui étaient propres, mais comme étant à tous, en ce sens qu'il doit être tout disposé à en faire part aux nécessiteux* ». On pèche contre les autres en ne les faisant pas profiter de ses richesses. Dans les *Politiques,* il avait sanctionné cette phrase d'Aristote : « Il *est évidemment préférable que la propriété soit particulière et que l'usage la rende commune » (II, 4). En d'autres termes, « le propriétaire doit user de sa propriété de manière à la rendre utile à tous et à les faire participer facilement à ses avantages* ».

Le texte cité n'est plus seulement l'opinion d'un théologien ou d'un Docteur privé, mais repris par Léon XIII dans l'encyclique *Rerum Novarum,* et Pie XI dans *Quadragesimo Anno,* il est sanctionné par l'autorité de l'Église enseignante : « *Ecclesia quidem sine ulla dubitatione respondet* ».

Ce devoir qui s'impose au propriétaire, et qui est corrélatif à ses droits, a reçu le nom de *fonction sociale*, - C'est Albert de Mun qui semble avoir popularisé cette expression dans son discours de Landernau du 22 Octobre 1894 ; mais Ch. Gide l'employait déjà dans la 4e édition de ses « *Principes d'économie politique* » p. 569. S. Thomas s'exprime dans le même sens. Les Pères parlaient d'*aumône* et de *bienfaisance,* S. Thomas l'exprime par ces mots : *usage commun.* Que faut-il entendre par là ?

« *L'expression d'usus (usage) est très vague, remarque P. Janet, et il est difficile de savoir quel sens il faut lui attacher. Car, si on la prend dans toute sa rigueur, il faudrait admettre que chacun n'a que la propriété du fonds, mais que les fruits sont communs : ce qui serait l'anéantissement de l'idée même de propriété. Si on l'entend dans le sens le plus naturel, qui est que les uns doivent aider aux besoins des autres, ce n'est pas l'usage de tous les biens qui est commun, mais seulement d'une certaine partie, de celle que chacun, selon sa libéralité, met à la disposition de ceux qui souffrent : mais alors l'idée du commun usage des choses ne doit pas entrer dans la définition du droit de propriété, qui est nécessairement exclusif, soit dans la possession, soit dans l'usage, quoiqu'il puisse être tempéré par la bienveillance. Sans doute, il est des choses dont l'usage est commun, quoique la propriété ne soit pas commune : mais c'est là l'objet d'une convention particulière, et cela ne ressort pas de l'idée même de la propriété individuelle* ».

Il faut accorder que le texte de S. Thomas n'a pas toute la clarté désirable, il s'entend assez aisément si l'on se rappelle que pour lui le propriétaire n'est pas un possesseur exclusif ; il ne s'approprie les biens que sous la réserve expresse de sauvegarder leur finalité ; de plus si l'on traduit, dans cet article, *usus* par jouissance, afin de maintenir la nuance de l'*usus,* et la distinction de la gestion et de la disposition qui sont déjà un « usage » ou un emploi des biens, on supprime l'équivoque entretenue dans les réflexions précédentes. On peut alors accorder que cette précision de la seconde partie de l'article vise le côté *moral* du problème de la propriété et non plus son aspect économique ou juridique.

Sous le bénéfice de ces notations, il n'est que de s'enquérir auprès de S. Thomas lui-même du sens de cette remarque elliptique : « *l'usage doit être commun* ». De quel usage s'agit-il ? dans quelle mesure doit-on y associer autrui ? Au nom de quelle vertu et de quelle manière pratique réaliser cette exigence ?

Il n'est pas besoin de défendre ici ni la légitimité du recours à un contexte étendu pour éclairer le sens d'un passage obscur, ni la faculté d'employer des expressions nouvelles pour exprimer une pensée complexe ; c'est là toutefois l'une des principales difficultés de l'entente entre commentateurs. Mais puisque S. Thomas est laconique, il est permis de s'inspirer de ses principes généraux et des solutions données à des cas analogues pour développer sa pensée.

« *L'usage d'une chose (usus rei),* définit S. Thomas, *comporte l'application qu'on en fait à une opération quelconque* ; *c'est pourquoi nous donnons aussi ce nom à l'opération elle-même à laquelle nous l'appliquons. Faire de l'équitation, c'est faire usage d'un cheval ; frapper, faire usage d'un bâton ».* (I a II ae, qu. 16, art. I) Cette application équivaut à un moyen ; « *c'est pourquoi on n'utilise que les moyens ; d'où le nom "d'utiles" qu'on leur donne, et l'équivalence que l'on établit parfois entre l'utilité et l'usage* ». La jouissance, au contraire, est un terme auquel on tend absolument. Ainsi la possession de l'argent étant la fin ultime de l'avare, on doit dire à proprement parler qu'il jouit de l'argent. En d'autres termes, pour les avoir, pour les accumuler. Dieu seul a droit à ce luxe, car seul il possède d'une façon « *stable* », il est maître des natures. L'homme ne possède les biens extérieurs que d'une façon « *transitive* », pour s'en servir, les utiliser ; à ce titre l'*usus est la fin essentielle de sa propriété.* L'usage d'une chose est comparé au mouvement, sa conservation au repos. L'usage de l'argent, qui consiste à donner et dépenser, est à son acquisition ce que l'action est à la passion. Dire que les biens doivent être considérés comme communs quant à l'usage, c'est dire qu'il faut s'en servir en vue de l'utilité commune, qui est tantôt le bien de tous, tantôt le bien commun et serait alors assimilable à « l'*utilitus publica » ;* tantôt comme ici, plus particulièrement au bien des indigents.

En employant le terme d'*usus* pour caractériser l'acte essentiel de la possession, S. Thomas entend bien le différencier de la jouissance *(frui)* dont il ne dit mot, parce que les biens appropriés tels qu'il les envisage ne sont pas une fin en eux-mêmes ; en précisant que cet usage doit être commun, il fait comprendre que le propriétaire doit se servir de ses biens pour une fin sociale : et que du point de vue moral sa jouissance personnelle et commune et non exclusivement propre. *« La jouissance comporte un mouvement absolu de l'appétit vers son objet, tandis que l'usage ne tend vers une chose qu'à raison d'une autre* ».

Cette acception d'*usus* est étymologiquement légitime, car l'on sait que pour les Romains, l'*usus* désignait anciennement le fait puis le droit de se servir d'une chose conformément à sa destination.

-CICÉRON, *De inventione,* définit la justice : « *Une disposition de l'âme qui rend à chacun ce qui lui convient, sans toutefois porter atteinte à l'utilité commune, utilitate communi conservata ». La législation romaine a imposé ce respect du « bien commun* » dans l'exercice du droit de propriété. Si un droit particulier allait à l'encontre de cette utilité commune, il était tenu en suspens. -

Ce rapport de moyen à fin est essentiel. La propriété se justifie surtout du point de vue social ; l'usage des biens se légitime par les mêmes principes mais en reçoit également ses limites intrinsèques ; il devient déréglé et donc peccamineux dès qu'il n'est plus en rapport avec la fin. « Partout où le bien consiste dans une mesure déterminée, l'excès ou le défaut constitue un mal. De plus, dans tout ce qui est relatif à une fin, le bien consiste dans une certaine mesure, déterminée par cette fin, comme, par exemple, un remède par rapport à la guérison. Or les biens extérieurs ont le caractère de moyens relatifs à une fin. Leur usage sera bon, s'il est proportionné, si l'homme recherche la richesse dans la mesure où elle est nécessaire à sa vie et à sa condition. Dépasser cette mesure, vouloir acquérir ou amasser plus que de raison, c'est pécher ».[45]

S. Thomas signale que la mesure est fixée par les biens eux-mêmes et la société de nos semblables : « *L'avarice, écrit-il, peut être immodérée... par rapport à la richesse elle-même, qu'elle cherche à acquérir et à détenir plus qu'il ne convient. À ce point de vue, l'avare pèche directement contre son prochain : Les mêmes richesses ne pouvant pas être possédées, à la fois, par plusieurs, la surabondance chez les uns entraîne nécessairement la pénurie chez les autres* ». (II a II ae, qu. 66, art.7) Le superflu des riches se trouve ainsi comme grevé d'une dette au profit des indigents. Cette exigence formulée S. Thomas la déduisait de l'ordre naturel et des fins de la divine Providence. Ce sont ces fins et cet ordre qu'il faut discerner.

[45] cf. le commentaire de Cajetan, *in h. l.*

**l'Existence de la fonction sociale de la propriété.*

– Elle est incluse dans la nature du droit de possession. La *Providence* gouverne les êtres raisonnables selon le bien de chaque individu. Chacun d'eux devant atteindre sa fin, il doit disposer des ressources nécessaires pour accomplir cette destinée. De là le droit absolu qu'a tout homme de posséder la quantité de biens suffisante pour vivre humainement.

De plus l'*ordre créé,* ordonne tous les êtres à Dieu. Ils atteignent ainsi en lui leur perfection. Mais c'est tout homme qui est investi de cette mission, et c'est là un nouveau titre qu'il acquiert au droit de posséder la matière pour alimenter sa vie physique, intellectuelle et morale.

La *justice distributive de Dieu,* à son tour, se doit de donner à chaque homme les biens que sa nature exige pour être et se développer ; le droit d'usage qui en découle est absolu et naturel au premier chef.

Il y a une propriété naturelle qui appartient à chaque homme sur toutes choses, et à tous les hommes sur chaque chose. L'on voit comment cette destination naturelle commune des choses, et ce droit naturel commun des hommes, imposeront une fonction « sociale » à l'exercice du droit de chaque propriétaire.

– La nature de la propriété privée.

La propriété, on le sait, a été instituée en vue de mieux assurer aux biens temporels leur fin essentielle, qui est l'utilité des hommes. Son exercice doit demeurer subordonné à cette destination première des choses. La fonction sociale va ainsi se greffer, comme un devoir inéluctable, sur le droit subjectif de tout propriétaire. C'est la position même d'Aristote sur la légitimité et la nécessité de la propriété, suivie par S. Thomas dans son commentaire sur la *Politique* (II, 4). L'un et l'autre citent l'exemple de Lacédémone « *où l'on pouvait avoir recours aux services de l'esclave d'autrui, comme s'il était à soi ».*

La pensée d'Aristote et de son commentateur se rattache à l'antique conception de la propriété : « *Dans la société hellénique primitive, chaque famille est un État complet. La terre est copropriété de tous les membres de cet État ; nul ne peut dire : ceci est à moi. Même réunies, les quarante ou cinquante personnes composant le groupe domestique ne pouvaient dire ensemble : ceci est à nous. La vie de la famille dépasse singulièrement en durée celle de ses membres. Elle remonte beaucoup plus haut dans le passé et déborde infiniment sur l'avenir. Le droit d'une génération est limité par le droit des ancêtres et par celui des descendants. On s'explique ainsi l'interdiction de vendre, de donner, de démembrer le patrimoine. L'exercice de ces droits suppose l'absolue propriété. Les membres de l'État patriarcal sont étrangers à cette notion. Ils se considèrent comme les gardiens d'un seul sol qui ne leur appartient pas, mais dont l'usufruit leur est dévolu à tous et dans la même mesure. Ils vivent de la même vie, opulente ou misérable suivant les circonstances. Ils partagent la même fortune, bonne ou mauvaise. Tout est véritablement commun entre eux. Leurs sorts sont indissolublement unis. L'un ne peut être dans l'aisance, quand l'autre est dans la pauvreté. Voilà l'antique conception de la propriété. Elle se retrouve en partie chez Aristote. Selon lui, il y a deux choses dans le droit de propriété : la possession et l'usage. Pour la possession, qu'on suive la règle individualiste. Pour l'usage, qu'on suive, aussi bien dans l'État formé par la réunion de plusieurs familles que dans l'ancien Etat patriarcal, la règle de la communauté* ».[46]

Quoi qu'il en soit de la valeur de cette expérience économique, le principe maintenu et appliqué par S. Thomas

[46] M. DEFOURNY, I. I. PP. 116-117.

est indiscutable : « *Toute chose qui existe pour une fin doit avoir une forme déterminée proportionnellement à cette fin. Ainsi la forme d'une scie doit être telle qu'elle soit capable de couper, comme le dit Aristote (Phys., II, 88* ». Si diverses que soient les formes possibles et légitimes d'appropriation, elles devront nécessairement tourner à l'utilité commune.

– *La société humaine.*

La société se définit « *l'union des hommes poursuivant ensemble un même but* ». La différence des finalités fait la différence des coopérations et donc des sociétés. Or la participation de l'homme à la société politique est de droit naturel, c'est une nécessité prise de la constitution même de la nature humaine. Voilà pourquoi même en l'état d'innocence les hommes auraient vécu en société. Mais dès lors tous les hommes sont obligés de travailler au bien commun, puisqu'ils sont dans la société comme des parties dans un tout. Cette vie sociale a pour but de faciliter l'épanouissement de la vie personnelle de tous ceux qui y participent. Chacun y apporte son concours. Tous les labeurs comme tous les biens sont inspirés de cette finalité essentielle, ils doivent être des instruments actifs de la paix et de l'harmonie sociale.

Ainsi les biens temporels doivent être ordonnés par leurs propriétaires au bien commun, ils sont des instruments du *« bene vivere »* qui est la fin de la société politique. Cette loi est d'autant plus rigoureuse que l'appropriation n'est plus du droit naturel premier comme la vie de l'homme en société, mais du droit des gens.

C'est dans ce cadre de la vie en société, où chaque membre est solidaire de tous les autres membres, obligé par suite à leur égard, que doit s'entendre l'interprétation que S. Thomas donne du texte de S. Basile, « *Celui qui, arrivé le premier au théâtre, en faciliterait l'accès aux autres, n'agirait pas d'une façon injuste ; au contraire, s'il leur interdisait l'entrée. De même le riche n'est pas injuste lorsque, s'emparant le premier de la possession d'une chose, qui originairement était à tous, en fait part aux autres. Il ne pèche qu'en refusant absolument à autrui d'en jouir. C'est pourquoi S. Basile peut dire : Pourquoi es-tu dans l'abondance et lui dans la misère, sinon pour que tu acquières les mérites de la dispensation et lui pour qu'il obtienne la récompense de la patience ?* ».

Tels sont les fondements que S. Thomas donne à la fonction sociale de la propriété. Il est fidèle à la doctrine universelle des Pères. Ainsi S. Ambroise : « *De Dieu vous avez reçu ce que vous devez aux pauvres ; à Dieu appartiennent vos dons* » (*De Nabuthe Jesraelita, cap. XVI, n. 67).* S. Basile : « *L'usage des richesses est concédé pour les dispenser, non pour en jouir » ; « Apprends pourquoi tu as reçu les richesses. Tu es le ministre du Dieu très bon, l'intendant commun de tous tes compagnons de servitude. Tout ce que tu possèdes n'a pas été destiné à l'apaisement de ta faim ; administre donc comme les biens d'autrui, les biens qui sont dans tes mains » ; et S. Jean Chrysostome : « N'est-ce pas là un mal de posséder tout seul, les biens du Maître, de jouir tout seul des biens communs ? La terre n'est-elle pas au Seigneur, avec tout ce qui la remplit, comme le dit un Psaume ? Si nos possessions appartiennent à notre commun Maître, ne sont-elles pas aussi à nos co-serviteurs ? Tous les biens des maîtres sont communs ; n'est-ce pas le régime des grandes maisons ? Tous y reçoivent par exemple une égale ration de blé ; elle sort des réserves dominicales, et la demeure du Maître est pour tous. Communes également les possessions impériales : les villes, les places, les promenades appartiennent à tous : nous y avons tous droit au même titre ». « Si le riche ne convoite pas injustement, il n'est pas mauvais, pourvu que d'ailleurs il donne aux indigents ; mais s'il ne donne pas il est mauvais et rapace* ».

Le Catéchisme du Concile de Trente résume à merveille cet enseignement : « *Que les riches se souviennent de rapporter à Dieu les biens et les ressources qu'ils en ont reçus, et qu'ils pensent qu'ils sont comblés de ces biens dans le but de les distribuer aux indigents !* »

Enfin Léon XIII enseigne définitivement : « *Quiconque a reçu de la divine bonté une plus grande abondance des biens extérieurs et des biens du corps, soit des biens de l'âme, les a reçus dans le but (ab hanc causam accepisse), de les faire servir à son propre perfectionnement et tout ensemble (pariter) de les employer comme ministre de la Providence au soulagement des autres » (Rerum Novarum).*

**La réalisation de cet usage commun.*

Autant le devoir social du propriétaire est certain, autant son exercice est plus délicat à préciser. Puisqu'il s'agit, en définitive, de tendre à l'idéal communautaire, d'assurer à tous les hommes la quantité de biens nécessaire à leur vie physique et morale, et puisque d'autre part cette seule possession semble légitime parce que naturelle, ne doit-on pas procéder à une certaine égalisation, à un nivellement des richesses ?

La loi ancienne prescrivait à cet effet qu'une année jubilaire serait célébrée tous les cinquante ans (Lev. XXV, 8-34), afin d'empêcher les grands de trop s'enrichir aux dépens des petits. Cette année-là toutes les propriétés vendues, terres et maisons, devaient faire retour gratuitement à leurs anciens propriétaires.

S. Paul écrivait aux Corinthiens : « *Pour soulager les autres, vous ne devez pas vous réduire vous-mêmes à la gêne, mais, d'après la règle d'égalité que votre superflu compense leur indigence, afin que leur superflu à eux compense (dans une autre occasion) votre propre indigence, de manière que l'égalité s'établisse* » II Cor. VIII, 13, 14. *De fait,* pour Aristote, *cette harmonie, cet équilibre, cette égalité de proportion qui doit s'établir dans les rapports sociaux est la règle même de la justice* » (Polit. III, 7).

On serait encore amené à cette idée par la lecture de textes patristiques tels que celui-ci : *« Le superflu du riche est le nécessaire du pauvre ; aussi posséder le superflu, c'est retenir le bien d'autrui »*, S. AUGUSTIN, *in Psalm. 147 ;* ou par des affirmations de S. Thomas : « *Le Seigneur a ordonné de donner tout le superflu aux pauvres ». « Les choses que quelques-uns possèdent en surabondance, sont dues de droit naturel à la sustentation des pauvres* » ; « *Quant à l'usage, dit-il encore, les biens temporels ne doivent pas appartenir seulement au propriétaire, mais aussi aux autres qui peuvent trouver leurs moyens de subsistance dans le superflu du riche* » ; et il cite le mot de S. Basile : « *Ce pain que tu gardes, il appartient à celui qui est nu, cet argent que tu thésaurises, il appartient à l'indigent. Autant de choses tu pourrais donner, autant de torts faits au prochain : Quocirca tot injuriaris quot dare vales ».*

Aristote exprime ses préférences dans la répartition des sols instituant la richesse foncière, pour la démocratie rurale. Un tel régime économique, en effet, interdit la concentration foncière et impose la fixation d'un maximum de propriété (Aristote, *Polit.* VII, 2) ; sinon on aboutirait à la formation de deux classes extrêmes, l'une très riche et très restreinte, l'autre nombreuse et misérable, entre lesquelles les conflits violents seraient inévitables et compromettraient la paix et l'ordre dans la cité.

La sécurité de l'État, au contraire, sera garantie par la classe moyenne. « *C'est un grand bienfait pour une nation de posséder une classe moyenne nombreuse. Car cette classe ne convoite pas, comme celle des pauvres, la fortune des riches. D'autre part, sa fortune n'est pas convoitée, comme celle des riches, par des indigents. Sa condition est stable et sûre, et par suite elle est hostile au changement. Nombreuse, elle est pour l'État un élément de conservation, elle peut empêcher les révolutions... Beaucoup de propriétaires qui, sans être riches, sont aisés, constituent le plus sûr rempart de l'ordre politique.*

Incontestablement, ce système de distribution des biens s'inspire de l'observation concrète. Domaine public, terre sacrée, maximum de propriété foncière, grande division des fonds, prédominance des classes moyennes, rien de tout cela n'est inventé. Tout cela existe ou a existé dans les divers États grecs. À l'essai, ces institutions et ces mesures se sont révélées efficaces ».[47]

Cette théorie d'Aristote sur l'importance des classes moyennes sera reproduite par *Christine de Pisan, Le livre des faits et bonnes mœurs du sage Roi Charles V,* 3e partie, chp. 7. – On sait, qu'au Moyen Âge, il y eut à côtés des domaines féodaux, quantité de petites propriétés sous la forme de tenures héréditaires à redevance fixe. En matière mobilière les métiers et les petits artisans coexistent avec les grands commerçants. Un des buts des corporations sera de conserver une certaine égalité. D'ailleurs le salaire du compagnon ne diffère guère de celui du maître ; trop souvent il a chez ce maître table et logis. Cf. V. BRANTS, *Esquisse des théories d'économiques professées par les écrivains des XIIIe et XIVe siècles, pp. 63-67.*

Si l'on ajoute cette considération morale, à savoir que l'excès de la richesse nuit à l'exercice de la vertu et par la même au bonheur, alors qu'une fortune moyenne y est favorable, parce que plus en harmonie avec la nature et la fin de l'homme, on comprend qu'Aristote soit autant l'adversaire d'une égalité rigoureuse des biens que de leur inégalité excessive. À la concentration de la propriété en quelques mains s'oppose une large diffusion de la propriété et c'est celle-ci qui est préférable.

C'est également le jugement de S. Thomas qui fixe comme mesure idéale des possessions celle qui permet de vivre modestement, mais aussi d'exercer la libéralité. Polit. II, 6.

---

[47] M. DEFOURNY, I. I. PP. 116-117.

« *La libéralité est le penchant à la bienfaisance en ce qui concerne l'argent* ». ARISTOTE. *Rhétorique* I chp. 9. I366 b. Ces deux exigences ne sont pas contradictoires, « *à chacun il suffit de peu* ». Cette mesure est d'ailleurs prise dans un réseau conceptuel qui est le même que celui de toute vertu, en cela qu'elle désigne une modération entre l'avarice et la générosité, qui suit les trop peu et les trop dans la manière de dépenser son argent, excès donc, dont elle se tient à égale distance. C'est la mesure de S. Paul : « *Habentes alimenta et quibus tegamur, his contenti sumus* » I Tim. VI. 8. D'autre part la libéralité règle les dépenses et les dons, en ayant pour objet, des sommes relativement peu importantes ; elles complètent, au contraire, et se corrigent mutuellement. Une possession modeste ne serait pas suffisante, car l'homme serait encore dans le besoin et devrait travailler ; une possession qui permettrait toute libéralité assurerait un superflu qui ne convient pas ; « *ni trop, ni trop peu* » Polit. II. 8 « *neque superflue...neque nimis parce* »[48]. Telle est l'égalité à établir dans la nécessaire diversité des possessions. On peut tenir pour assuré que l'idéal, pour S. Thomas, est la propriété moyenne qui permet une certaine aisance. On voit en quel sens il faut entendre la condamnation de la surabondance.

Si sa possession exclusive est « *un péché direct contre le prochain* », c'est que tout homme est appelé à posséder la part de biens qui lui est nécessaire et que les riches doivent lui « *préparer la voie* », lui « *communiquer* » d'une certaine manière ce à quoi il a droit ; c'est, de plus, que le riche n'a pas un droit de propriété sans limites, pouvant s'étendre à l'acquisition de richesses indéfinies ; il n'est propriétaire que comme membre d'une société, au bien commun de laquelle il participe ; c'est, en d'autres termes, que l'usage de ses biens doit être social et reçoit sa règle des autres membres de la société.

[48] Cf. PLATON, *République,* IV. 421, d-e

Ce rapport précis du droit de propriété au bien commun définit la fonction sociale. « *Le fonctionnement du régime de la propriété privée va faire aux individus des situations diverses... Les raisons en sont multiples : la première réside dans les conditions naturellement inégales en lesquelles les hommes déploient leur activité économique. La surabondance dont jouiront les uns, voisinera avec la gêne des- autres. Or le riche est le bénéficiaire d'un régime établi pour le bien de tous. L'usage des biens matériels est consacré par le droit naturel de première zone ; l'appropriation privée n'est qu'une conclusion suggérée par le rapprochement des principes et des contingences au sein desquelles ils doivent s'appliquer. Dès lors, la surabondance dont jouissent certains sera grevée d'une charge : assurer aux moins favorisés des possibilités de vie vraiment humaine : « Res, quas aliqui superabundanter, ex naturali jure debentur sustentationi pauperum ».* Allons plus loin, et supposons le cas d'extrême nécessité : celui qui s'approprierait du bien d'autrui ne serait pas un voleur ; car « *in necessitate omnia sunt communia* »... Le droit de tous à l'usage des biens matériels constitue une limite intrinsèque au droit de propriété privée. Dilapider ses biens est aussi coupable que de thésauriser en avare, parce que c'est, de toute façon rendre stériles des biens dont l'appropriation privée n'abolit pas la destination commune[49].

De ce chef, la trop grande disproportion des fortunes a fait l'objet par Pie XI dans l'encyclique *Quadragesimo Anno,* d'une condamnation et d'autre part, l'exigence du bien commun s'étend dès l'administration personnelle des biens. Toute la gestion doit être conduite en vue d'un meilleur rendement pour le bien de tous. Ce serait pécher et être un mauvais riche que de ne pas tirer le meilleur parti des ressources dont on dispose, puisqu'on a le devoir de contribuer par eux, au maximum, au bien de la communauté

---

[49] 26.HENRY, *I. I.,* (pp. 551-552).

dont on est membre : famille, groupe industriel, cité, patrie. S. Thomas dit du libéral « *qu'il gère ses biens avec sollicitude afin d'en user avec générosité* », et plus explicitement : « *Le vertueux ne doit pas seulement user comme il faut de la matière ou instrument qui lui est propre, mais encore préparer les moyens nécessaires à ce bon usage : non seulement tirer le glaive contre l'ennemi par exemple, mais encore l'aiguiser et le tenir dans le fourreau font partie du courage militaire. De même, la libéralité doit faire usage de l'argent, mais aussi l'amasser et le conserver pour cet usage* ».

On saisit le rapport de l'usage des richesses et du droit d'en disposer. La *« dispensatio »* est la distribution à chacun de ce qui appartient à tous, comme dans une famille dont le chef répartit les subsistances nécessaires à tous ses membres. Or les biens sont à tous, le propriétaire doit, en bon économe, acquérir, conserver, faire fructifier ses richesses afin de les rendre aptes à être un plus grand instrument de bien social. « *Les richesses concourent en qualité d'instrument à la félicité de la vie active qui consiste en des opérations extérieures. Nous faisons beaucoup de choses, observe Aristote, par nos amis, par la richesse, par la puissance publique, qui représentent autant de moyens d'action* ». La famille doit *thésauriser* pour ses enfants. – On peut déduire de ces principes la règle d'or de la morale économique : Porter les biens temporels au maximum que comporte et requiert le vrai service de l'être humain, et non au maximum absolu qu'il est possible d'atteindre.

Ce faisant, le propriétaire est le premier bénéficiaire de ses soins et de ses efforts. Un organe plus puissant et plus sain du corps social contribue à la vitalité des autres membres. Celui qui s'enrichit, nécessairement doit enrichir les autres. Pour s'employer à servir le bien commun, il faut d'abord et surtout travailler à son bien propre. Loin que son superflu doive être sacrifié, il permet de secourir plus efficacement l'indigence du prochain. N'est-ce pas le sens de ces paroles citées par S.

Thomas : « *L'homme libéral ne néglige pas sa fortune personnelle, puisque c'est là qu'il doit trouver le moyen d'aider les autres* » (Aristote, *Ethiq.*, IV, I), « *Dieu ne veut pas que l'on dépense d'un seul coup tout ce que l'on possède, mais qu'on le dispense* » (S. Ambroise, *De Offic.*, I, 30) ?

Effectivement, le superflu qui demeure, après que l'on a pourvu à l'absolue nécessité de son existence, puis à celle de sa condition et du rang que l'on doit tenir dans le monde, est comparable à la surabondance d'une nature. Une fois cette dernière constituée dans son être physique (nécessité absolue) et affermie dans son développement (« personnage »), si cette nature continue à se nourrir et à croître, c'est qu'il lui reste autre chose à faire, et c'est de servir les autres, et de travailler, par la génération, à la conservation de l'espèce.

Le superflu serait légitime, - S. Thomas ne craint pas d'affirmer que « *la souveraine perfection est compatible avec l'opulence* » - mais c'est sur lui très spécialement que pèse l'obligation de « *l'usage commun* ». Il est la matière propre de la fonction sociale inhérente à la propriété. S. Thomas l'a défini, au traité de la charité : « *J'appelle superflu, dit-il, ce qui n'est pas nécessaire à l'entretien, non seulement de l'individu comme tel, mais encore l'oblige à s'entourer. Car il faut avant tout que l'on songe à soi et aux personnes dont on a la charge et c'est ensuite, avec le reste, que l'on subvient aux nécessités des autres* ». Par ailleurs « *on appelle nécessaire, ce sans quoi, l'on ne peut passer sa vie d'une manière conforme à sa condition et au rang que l'on occupe soi-même et qu'occupent les personnes dont on a la charge* ». (Faut-il souligner que c'est là une définition de sens commun ? Les hébreux distinguaient dans la fortune le nécessaire et l'excédent. *Iterah,* dérivé du verbe *iatar* « être en plus », de sorte que le surplus, le superflu, c'est exactement, comme l'entend S. Thomas « ce qui reste », *iétér :* Cf. Ex.XXIII, II. Ps. XVII, II ; Ps. XVII, 14 ; Is. XV, 7 ; Job XXII, 20 etc.)

S. Thomas nous dit que le riche doit être tout disposé à faire part de ses biens aux nécessiteux, à leur donner les fruits de ses propriétés, que l'usage de ses richesses doit être commun, au point que, d'après S. Ambroise : « *Tout ce qui doit dépasser la dépense, on l'a acquis violemment* » et qu'enfin le superflu est dû, de droit naturel, à la sustentation des pauvres.

S'ensuit un commentaire plus explicite de la pensée des Pères : « *Comme le disent S. Ambroise et S. Basile, Dieu donne à certains hommes une surabondance de richesses « afin qu'ils aient le mérite de les dispenser vertueusement. À chacun il suffit de peu. L'homme libéral agit ainsi bien en faisant la part la plus large aux autres qu'à lui-même. Exception faite, bien entendu, des richesses spirituelles dont chacun doit acquérir pour soi d'abord le plus qu'il peut. – Cependant même pour les biens temporels, ce serait une libéralité mal comprise que de ne penser qu'aux autres et de s'oublier soi-même et les siens* ».

On voit à quel point on ne saurait opérer quelque découpage mathématique dans la gestion et la jouissance du nécessaire et du superflu, pour réserver l'un exclusivement au propriétaire et destiner l'autre aux malheureux.

Concrètement, comment réaliser cet usage commun ? Comment déterminer la matière de cette obligation sociale ?

La charge la plus obvie qui incombe au propriétaire est celle de la bienfaisance.

Au traité de la charité, S. Thomas établit, en effet, que donner l'*aumône* de son superflu est de précepte, tout autant que de secourir le pauvre dans une extrême nécessité. Il y a là deux exigences distinctes. C'est dire que le superflu, de soi, oblige à la bienfaisance. II Polit., 4, ce devoir avec celui de la libéralité, sont explicitement rattachés à la propriété, comme réalisations de « l'usage commun ». De sorte que le riche qui fait l'aumône exerce par le fait même la fonction sociale des biens dont il dispose.

Par ailleurs la *libéralité* consiste à faire un bon usage des richesses, c'est dire d'en faire part aux autres. C'est pourquoi la libéralité s'appelle encore largesse ; car ce qui est large n'est pas resserré en soi-même, mais en quelque sorte répandu. Or ce dont on doit faire largesse aux autres, ce sont les biens que l'on possede et dont l'argent est le nom commun.

Le commentaire de F. de Vitoria *(Superfluum status et naturae est alienum quoad usum, et per consequens dispensandum, in h.I. n° 4)*.... avec le commentaitre de[50] : dans le même sens[51].... *Nous* avons tenté de justifier cette exégèse dans : *L'Aumône, obligation de justice ou de charité ?* dans[52]. C'est également en ce sens que l'entend S. DEPLOIGE. *La théorie thomiste de la propriété.* I. c., p. 288, note 2. « *L'Aumône est de précepte dans deux cas* ». La démonstration en a été amplement fournie par P, Goreux, S.J[53].

L'on n'a pas suffisamment pris garde que nous cherchions à discerner dans les textes de S. Thomas, l'influence de la tradition patristique qui réunissait sous le nom d'aumône, une triple œuvre de justice, de charité, de satisfaction pénitentielle. Il va de soi que le don inspiré par l'amour du prochain mérite seul le nom d'aumône qui lui est désormais réservé, mais s'il relève d'une inspiration différente il procède d'une autre vertu. La terminologie de S. Thomas est assez nette, mais la classification méthodique de ses traités ne supprime pas toute équivoque.

Par ailleurs la *libéralité* consiste à faire un bon usage des richesses, c'est-à-dire d'en faire part aux autres. « *C'est*

---

[50] Cajetan (in h. l. n° 3).
[51] S. ANTONIN, *Summa, P. II,*
[52] Mélanges Mandonnet, t. I. pp. 259 sq.
[53] P. Goreux, S. J. *L'Aumône et le régime des biens,* dans la *Nouvelle Revue théologique,*

pourquoi la libéralité s'appelle encore largesse ; car ce qui est large n'est pas resserré en soi-même, mais en quelque sorte répandu... Or ce dont on doit faire largesse aux autres, ce sont les biens que l'on possède et dont l'argent est le nom commun ». C'est ici que S. Thomas définit l'usage de l'argent, il consiste à s'en défaire. D'où un bon usage sera de *donner. « usus pecuniae est in emissione ipsius* ». L'argent est une richesse artificielle ; il n'a pas de valeur d'utilité directe, mais seulement une valeur d'échange ; c'est-à-dire l'usage commun de sa commutabilité.

La *dépense* est encore un des usages convenables et obligés des richesses. Le libéral dépense ce qui convient et donne ce qu'il faut. Il le fait facilement, que ce soit pour ses besoins personnels, pour l'utilité du prochain, pour l'honneur de Dieu. Au contraire l'avare donne trop peu et ne dépense pas assez ; par suite, « *il n'est utile à personne, pas même à lui, ayant peur de se servir de ses biens, même pour son usage personnel* ». Le propriétaire de quelques richesses que ce soit ne saurait les garder improductives et stériles. L'argent gagné doit créer de nouvelles richesses ; il est fait pour être dépensé et par la même devient une occasion de gain pour autrui.

On voit ainsi que la façon la plus normale pour le riche de remplir la fonction sociale de sa fortune sera de fournir du *travail* à autrui, de lui donner le moyen d'acquérir les ressources nécessaires. Les pauvres qui ont droit à ce nécessaire en seront vraiment pourvus par les riches ; c'est la réalisation parfaite de l'usage commun dans le cadre de la propriété.

Le Père Perez Garcia *(I. I.,* p.57) remarque, que pour S. Thomas, les « *pauvres* » ne sont pas les mendiants, mais ceux qui, ne pouvant se suffire à eux-mêmes, louent leur travail à autrui ; ils reçoivent en échange un salaire qui est à la lettre leur gagne-pain : *« Les mercenaires qui louent leurs bras, sont des pauvres qui attendent de leur travail le pain quotidien* ».

(Le mendiant est celui qui tend la main, demande à autrui de l'argent ou de la nourriture, sans rien faire. Si l'on peut assurer par un autre moyen sa subsistance, une telle mendicité est illicite). De fait, le but premier et principal du travail manuel est d'assurer la subsistance ; et par suite, il s'impose comme une nécessité de précepte à tous ceux qui n'ont pas de quoi vivre par ailleurs. « *En tant qu'il représente un moyen de gagner sa vie, il est obligatoire dans la mesure où il est nécessaire. Ce qui est ordonné à une fin tire sa nécessité de cette fin même. C'est-à-dire qu'il est nécessaire dans la mesure où cette fin le requiert. Aussi celui qui n'a pas de quoi vivre par ailleurs doit-il travailler de ses mains, quelle que soit sa condition. C'est ce que veut dire S. Paul aux Thessaloniciens : Celui qui refuse de travailler, qu'il se passe de manger. C'est comme s'il disait : Nécessité de travailler de ses mains et nécessité de manger, cela ne fait qu'un. Si quelqu'un pouvait se passer de manger, il serait dispensé de travailler* ».

Il ressort de là que tout homme est tenu, par un précepte de droit naturel, de se procurer les ressources nécessaires pour vivre et que l'entr'aide sociale demande que le riche lui fournisse les moyens nécessaires à cette acquisition. – Le droit absolu pour tout homme d'avoir du travail et l'obligation pour les riches de lui en fournir. (Cf. J. HAESSLE, *Le Travail*, Paris, 1933. P. 216 et passim. PIE XI. *Quadragesimo anno : « Les très grands revenus doivent être utilisés à créer en grand des possibilités de travail et de gain, pourvu toutefois que ce travail soit employé à reproduire des biens réellement utiles* ». Celui qui est arrivé le premier au banquet ne doit pas en interdire l'accès aux autres... Puisque le travail est le moyen propre de pourvoir aux nécessités de la vie, la fourniture du travail est donc bien la manière la plus normale pour le riche d'acquitter les charges sociales de la richesse... il fait vivre ainsi ce que nous appelons « la *classe ouvrière* », dont la situation matérielle, grâce à un salaire suffisant, semble avoir été satisfaisante au XIIIe siècle.

Ce n'est que dans le cas où l'infirmité corporelle empêche le pauvre de gagner sa vie, soit que tout travail lui soit interdit soit que le peu que son travail lui rapporte ne suffit pas à sa subsistance ni à celle des siens, que la suppléance miséricordieuse de l'aumône proprement dite se trouvera justifiée par une ordination supérieure de la justice sociale.

**Les vertus du propriétaire.*

La précédente réflexion demande à être justifiée. De quelle vertu relève la fonction sociale de la propriété ? De façon plus générale, quelles vertus doit exercer le propriétaire pour que les richesses dont il dispose soient socialement bienfaisantes ?

S. Thomas signale qu'il ne traite pas de la propriété en économiste, mais en moraliste, lorsqu'il termine son article par ces mots : Le propriétaire doit être *tout disposé* à faire part de ses richesses aux nécessiteux. Aussi S. Paul écrit-il à Timothée : « *Recommande à ceux qui sont riches dans le siècle présent d'être prompts à donner, de faire part de leurs biens* ».

Cette bonne disposition et cette promptitude ne vont pas de soi. N'y a-t-il pas contradiction à accorder au propriétaire la libre gestion de ses biens et de lui refuser la jouissance exclusive des revenus surabondants obtenus par ses efforts et ses soins ? C'est d'ailleurs dans une perspective aristotélicienne que Hegel reprend cette question dans les Principes de la Philosophie du droit quand il distingue le rapport abstrait du propriétaire à sa propriété dans le droit et l'effectivité de l'éthicité de la propriété dans la famille qui concourt alors au bien objectif et pas seulement au bien subjectif.

Le service du bien commun est-il conciliable avec ce qu'on a appelé *« l'ardeur du sens possessif »* ? De fait le danger des richesses est multiple. L'acquisition peut en être démesurée et illégitime ; leur possession même est une occasion de vaine gloire, de soucis et de soins exagérés, d'amour, et de complaisance excessive ; l'usage et la jouissance surtout peuvent être contraires à l'exigence absolue de la destination sociale des biens.

Pour respecter et servir cette finalité S. Thomas envisage, à la suite d'Aristote, deux interventions possibles, qui sont comme des « remèdes » à l'irrégularité des possessions. La propriété, dit-il, est l'idéal si elle est réglée : *« pulchris consuetudinibus et justit legibus »*. II. Pol., 4. C'est ce qui a été parfaitement envisagé dans la législation mosaïque : « *Un peuple est une assemblée d'hommes réunis sous les mêmes lois, dans un but d'utilité commune. Par conséquent il est de l'essence d'un peuple que les rapports des hommes entre eux soient réglés par de justes lois. Or ces rapports des hommes entre eux sont de deux sortes : les uns reposent sur l'autorité du prince ; les autres sur la volonté propre des individus... À l'égard des choses que l'on possède, ce qu'il y a de mieux, comme le dit Aristote, c'est que les possessions soient distinctes et que l'usage soit en partie commun (fixé par les lois), et en partie laissé à la libre volonté des possesseurs* ».

Une législation sociale positive et de belles coutumes (ou mieux : bonnes, selon le double sens du grec), c'est-à-dire des habitus vertueux, des vertus sociales.

S. Paul s'en remettait à Timothée du soin de détailler aux propriétaires les vertus de leur état. S. Thomas ne les énumère pas, mais il est aisé de les nommer d'après ce qu'il en dit par ailleurs.

La première disposition requise est l'*amitié naturelle* que l'homme a pour l'homme, et qui a sa source dans l'amour général que le semblable a pour son semblable. « *Tout homme est naturellement ami de tous les hommes, de cette amitié naturelle dont il est dit, dans l'Ecclésiastique, que tout animal aime son semblable* ». Participant à une même nature, tous les hommes doivent naturellement s'aimer comme des frères et par suite désirer le bien les uns des- autres. Mais S. Thomas fait remarquer qu'un tel amour n'est pas assez fort pour réaliser l'accord des vouloirs lorsque des intérêts divergent. L'on voit, par exemple, les potiers se haïr et se battre lorsque la concurrence fait obstacle à leur gain. Cette dilection naturelle ne saurait consentir de grands sacrifices ni des privations personnelles pour le bien d'autrui ; comme exemple de ses effets, on peut citer : indiquer au voyageur quelle est sa route, le tirer d'un mauvais pas... *et alia hujusmodi.*

Cette « *philanthropie* » devient vertu grâce à l'*amabilité* ou affabilité qui inspire le respect des bienséances dans les relations ordinaires de la vie. Elle consiste à être agréable à son prochain par ses paroles et par ses actes. Ce n'est qu'une amitié de surface, plus extérieure qu'intérieure, dont on peut donner des marques même à des étrangers et à des inconnus. Aussi relève-t-elle davantage de la justice que de la charité.

C'est surtout l'*amitié proprement dite,* qui doit intervenir pour corriger les égoïsmes individuels et faciliter aux propriétaires l'exécution de leurs obligations. Elle est essentiellement une bienveillance et, dans la mesure du possible, une bienfaisance désintéressée ; elle suppose une telle mise en commun des intérêts et des biens que l'on a coutume d'appeler amis ceux qui ont entre eux de tels échanges[54]. Rien ne sera plus efficace pour assurer l'usage commun des biens que cette amitié dont les fruits sont : effectuer volontairement des bienfaits, entourer son ami de bienveillance, faire œuvre de concorde[55].

De fait, c'est à cette amitié que S. Thomas fait explicitement appel pour que l'exploitation des biens

[54] VIII Ethiq., 9
[55] VIII Ethiq., 9

devienne commune quant à l'usage, selon le proverbe : « *Tout est commun entre amis* »[56]. Les hommes doivent s'entr'aider. Nul ne peut laisser son frère dans la misère. Le principe vient d'Aristote, mais il a chez le Philosophe plus qu'une valeur de précepte général. « *Il y a en Grèce une sorte de franc-maçonnerie formée par la secte pythagoricienne. Les membres de cette secte s'assistent en toutes circonstances. On en a vu qu'ils négligeaient leur femme et leurs enfants pour secourir des sectateurs en détresse. Le pythagoricien besogneux, fût-il étranger, jouit de la bienveillance des confrères de la place : il est préféré aux parents et aux amis qui ne sont pas affiliés. Cette pratique outrée a parfois excité la colère publique contre la secte. Quand Aristote dit ; l'usage des biens doit être commun, on sait parfaitement ce qu'il veut dire, et il donne plus qu'un conseil, il montre un exemple* »[57].

On rapprochera de cette analyse l'éloge que fait H. Pirenne, de l'esprit de corps qui unissait les bourgeois des communes médiévales : « *Il faut, en effet, remonter jusqu'à l'Antiquité pour trouver autant de dévouement à la chose publique que celui dont elles ont fait preuve. Unus subveniet alteri tamquam fratri suo, que l'un aide l'autre comme un frère, dit une charte flamande du XIIIe siècle (Charte de la ville d'Aire), et ces mots ont été vraiment une réalité. Dès le XIIe siècle, les marchands dépensent une partie considérable de leurs profits dans l'intérêt de leurs concitoyens, fondent des hôpitaux, rachètent des tonlieux. L'amour du gain s'allie chez eux au patriotisme local. Chacun est fier de sa ville et se dévoue spontanément à sa propriété. C'est qu'en réalité chaque existence particulière dépend étroitement de l'existence collective de l'association municipale* »[58].

---

[56] II Polit., leç. 4 ; cf. PLATON, *République IV, 424*

[57] M. DEFOURNY, *L. L.*, pp. 115-116).

[58] . Les villes du Moyen Âge, Bruxelles, 1927, p. 183.

Ces liens étroits de solidarité, de fraternité, d'amitié politique à l'intérieur de groupes ou de sociétés plus ou moins vastes inspireront la bienfaisance obligée aux détenteurs des richesses. Si la fraternité divine recouvre et corrobore la fraternité humaine, on aura l'amitié de *charité* où les motifs d'aimer, de donner seront plus puissants, puisque fondés sur une commune participation de la nature divine.

Alors s'appliquent ces paroles de S. Thomas : « *Celui qui en aime un autre lui rend spontanément et avec joie ce qu'il lui doit ; il ajoute même libéralement* » (III C. Gent., 128). « *Les amis se rendent mutuellement service dans les charges spirituelles ou temporelles » (Ibid., 134)*. « L'amour du prochain, demande non seulement que nous voulions son bien, mais que nous le lui « *procurions* », « *vouloir et réaliser le bien du prochain, cela exige que nous venions à son secours lorsqu'il est dans la nécessité* » etc.

C'est en ce sens que S. Thomas a commenté le précepte de S. Paul à Timothée, « *Comme le dit l'Apôtre : Celui qui aime son prochain a accompli la loi ; parce que tous les préceptes de la loi se rapportant surtout au prochain, paraissent avoir pour but de porter les hommes à s'aimer les uns les autres. De cette dilection vient que les hommes se communiquent réciproquement leurs biens. Comme il est écrit dans la première épître de S. Jean : Si quelqu'un voit son frère dans la nécessité et lui ferme ses entrailles, comment la charité de Dieu demeurerait-elle en lui ? C'est pourquoi la loi mosaïque tendait à habituer les hommes à se donner facilement les biens qu'ils possédaient. Ainsi S. Paul demande à Timothée d'exhorter les riches à donner et à faire part de bon cœur de leurs biens. Or il ne donne pas de la sorte celui qui ne souffre pas que son prochain reçoive tant soit peu de ce qu'il possède, alors que lui-même n'en souffre pas grand dommage. C'est pour ce motif que la loi a permis à celui qui entre dans la vigne d'un autre de manger des grappes sur place, mais lui a interdit d'en emporter, de peur qu'il n'en résulte un grave dommage, capable de troubler la paix. Entre gens bien élevés, la paix n'est pas troublée par ces libertés ; au contraire elles affermissent plutôt l'amitié et accoutument les hommes à partager de bon cœur* ».

Le mot de S. Paul serait plutôt envisagé comme une exhortation à la libéralité. Cette vertu dans l'usage des richesses est effectivement de régler cet usage. Polit., II, 4. « *On se sert le mieux possible d'une chose, quand on a la vertu appropriée à cette chose. Celui qui a la vertu relative à l'argent se servira pour le mieux de ses richesses. Tel est le libéral* ». S. Thomas remarque, en effet, qu'il peut y avoir vertu dans une matière aussi extérieure, car il faut savoir se servir de ce qu'on possède. Or « *savoir se servir est une vertu* ». Le libéral sera assez détaché de ses biens et libéré de leur gestion, pour les disposer volontiers aux autres. *« La matière prochaine de la libéralité, en effet, ce sont les passions intérieures, les sentiments que l'on éprouve vis-à-vis de l'argent. La libéralité doit surtout prévenir toute attache déréglée à l'argent, qui empêcherait d'en faire l'usage obligé* ». Dès lors l'obstacle principal à la bienfaisance se trouve supprimé. Le libéral n'ayant pas un amour ni un désir excessifs des richesses, les donne *facilement* et *avec joie*.

C'est le commentaire exact du « *facile tribuere* » de l'Apôtre. Or S. Thomas fait remarquer qu'il s'agit là moins d'un acte d'amitié que de justice qui a pour objet les réalités extérieures : « *le don fait par bienveillance et miséricorde a pour principe les sentiments excités par celui auquel il est fait ; il relève de la charité ou de l'amitié. Le don fait par libéralité, au contraire, a pour principe les sentiments de celui qui le fait, par rapport à l'argent qu'il ne désire ni n'aime plus que de raison* ».

De fait, la rectification des actes extérieurs, qui tiennent ainsi le milieu entre les choses extérieures qui sont leur matière, et les passions intérieures qui sont leur principe, relève de la justice, pour autant que ces actes ont les choses extérieures pour termes. En tant qu'ils dérivent des passions, leur rectification appartient aux vertus morales dont elles sont l'objet propre. « *De là vient que la justice empêche la soustraction du bien d'autrui pour autant qu'elle s'oppose à l'égalité à établir dans les choses extérieures ; mais la libéralité l'interdit en tant que cette soustraction procède d'un amour immodéré des richesses. Toutefois, parce que les actes extérieurs ne tirent pas leur espèce des passions intérieures, mais plutôt des choses extérieures, il s'ensuit, à proprement parler, que les actes extérieurs sont davantage la matière de la justice que des autres vertus morales* ».

Cette précision souligne que si la libéralité a la même matière que la justice, elle n'en a pas le même objet ; elle ne vise qu'à acquitter une dette morale, qu'il n'est pas obligatoire, mais honnête d'acquitter.

La fonction sociale de la propriété montre qu'elle s'impose avec une exigence bien plus rigoureuse. Par ailleurs la bienfaisance inspirée par l'amitié est trop générale ; dès là qu'il y a, une raison spéciale de bien, une vertu spéciale est requise. Nous n'avons pas encore trouvé la vertu propre du propriétaire. Avant de la rechercher, accordons encore à ce dernier, surtout s'il a une grande fortune, la *magnificence* qui est comme un surcroît de libéralité et la *prudence* toujours requise pour ne pas dérober ni dissiper l'argent, pour le dépenser utilement et dans la mesure convenable. N'est-ce pas, en effet, à cette vertu qu'il faut demander la *mesure* parfaite à garder dans l'économie des richesses ? D'autant plus que, comme prudence politique, elle peut et doit s'employer à servir le bien commun. Aussi S. Thomas écrit-il : « *Il faut la direction de la prudence pour faire régner la justice qui a trait au bien commun* ». Il faut y rattacher cette spéciale disposition à rechercher et à accomplir ce qui est le plus conforme au bien commun, là où la loi ne le détermine point. S. Thomas appelle cette vertu, à la suite d'Andronicus :

« *eugnomosyna* » ou *perspicacité morale,* et la définit : « *une juste initiative, parce que grâce à elle l'homme détermine le droit de son propre arbitre en dépassant la loi écrite* ». Cette vertu est attribuée à la prudence à titre directeur et à la justice comme vertu d'exécution. On doit enfin mentionner l'épikie ou *équité* qui sait négliger le texte de la loi dans le cas où la justice et l'utilité commune l'exigent[59].

**L'usage commun, œuvre de justice sociale.*

Toutes les vertus précédemment énumérées sont nécessaires au propriétaire pour une gestion et un usage, corrects de ses biens ; elles rectifient sa volonté, préparent son cœur à la compassion, le porte à accomplir de bon cœur les devoirs inhérents à son droit. Mais de quelle vertu propre relève l'usage commun des richesses, de sorte que si cet usage n'est pas respecté, on puisse dire que le *propriétaire* pèche très précisément contre la vertu.

Léon XIII a résumé l'enseignement de l'Église et des théologiens dans ce passage de l'encyclique *Rerum Novarum : « Dès qu'on a suffisamment donné à la nécessité et au décorum, c'est un devoir de donner du superflu à ceux qui sont dans le besoin.* ***Ce qui reste, donnez-le en aumône*** (Luc., XI, 41). *C'est un devoir non pas de stricte justice, sauf les cas d'extrême nécessité, mais de charité chrétienne ;*

Un devoir, par conséquent, dont on ne peut poursuivre l'accomplissement par les voies de la justice humaine. Mais au-dessus du jugement de l'homme et de ses lois, il y a la loi et le jugement de Jésus-Christ, *notre Dieu, qui nous persuade de toutes les manières de faire habituellement l'aumône ».*

Rien n'est mieux fondé. D'une part l'obligation de donner du superflu ne s'impose pas en justice commutative (tel est le sens de : justice stricte, chez les modernes), puisque tel pauvre

---

[59] V Eth., 16.

n'a pas un droit strict aux biens de tel riche, sauf le cas d'extrême nécessité ; et d'autre part l'aumône proprement dite relève indiscutablement de la charité, car elle est un acte de miséricorde et celle-ci est l'effet propre de l'amour.

Le problème qui nous occupe n'est pas celui de l'aumône. Dans une société païenne -, où l'on ne saurait parler de charité que par abus de langage -, les mêmes obligations de bienfaisance s'imposeraient aux riches, même s'ils n'avaient aucune compassion pour la misère de leurs concitoyens. Il s'agit des devoirs du propriétaire comme tel, et non pas des sentiments que tout homme doit nourrir pour ses semblables ou ses proches, et des marques qu'il doit leur en donner Par ailleurs l'aumône ou la bienfaisance ne sont que l'un des modes de l'usage commun des biens. N'a-t-on pas appelé l'aumône la forme désespérée de la charité ? Mieux vaut établir l'ordre que de remédier au désordre ; donner le pain du travail que celui de l'aumône. Mais si nous parlons d'ordre et de relations engendrées par des droits et des devoirs réciproques n'évoque-t-on pas nécessairement la justice ?

De fait, dans l'encyclique *Quadragesimo Anno,* Pie XI fait appel en outre à « *toutes les autres vertus* » pour favoriser le bon usage des biens, et distingue deux formes de cet usage, la bienfaisance directe envers les pauvres et la création d'entreprises économiques.

Les discussions des modernes sur ce sujet viennent de l'assimilation indue que font les uns entre le devoir de l'aumône et l'obligation de l'usage commun des biens. Ce sont là pourtant deux obligations bien distinctes, ainsi qu'il ressort de la différence de leur motif. « *L'aumône, définit S. Thomas, est la bonne œuvre que l'on fait à l'indigent par compassion et pour Dieu* ». C'est le motif même de la miséricorde qui est une tristesse de la misère du prochain, elle aboutit à la bienfaisance qui subvient dans la mesure du possible à la nécessité de l'indigent. À ce titre, le superflu n'apparaît que comme une condition indispensable à l'exercice de la miséricorde.

Le motif de la bienfaisance est, pour S. Thomas, la misère que l'on secourt et devant laquelle un chrétien ne peut rester insensible sous peine de perdre la charité, *« alioquin non esset ratio quare eleemosyna daretur »*.

L'aumône, sans cette indigence inspiratrice de compassion, n'aurait pas de raison d'être... mais l'usage commun garderait son obligation, non pas en vertu des sentiments du propriétaire, mais de par la finalité des biens possédés.

Rappelons que le fondement du droit de l'homme à la possession des biens extérieurs est dans l'ordre que Dieu a établi et qui est inscrit dans la nature des choses. Or, cet ordre, naturel au premier chef, destine les biens extérieurs à la subsistance et à la vie aisée de tous. Si la propriété et le superflu sont légitimes, voire nécessaires, les nécessiteux gardent un droit absolu à posséder ce qui leur est indispensable pour vivre. Voilà pourquoi l'usage social des biens s'impose au propriétaire comme une obligation de droit naturel premier. S. Thomas conclut expressément « *res quas aliqui superabundanter habent ex naturali jure debentur pauperum sustentationi* ».

Il est dans la nature des choses que le superflu serve au soutien des pauvres ; de par leur destination originelle les biens restent comme un fonds commun à l'usage de l'humanité, *Finis est potissimum in unoquoque.* ___ Il n'est pas douteux que seule une vertu qui puisse s'élever, d'elle-même, jusqu'à vouloir servir l'ordre social, qui ait directement pour objet le bien commun de la société et pour fonction de régler les rapports des citoyens avec le bien commun qu'ils sont tenus de servir, soit la vertu propre de cet usage commun des richesses ; telle est la justice sociale ou légale dont S. Thomas écrit : « *Toute vertu en tant qu'elle ordonne ses actes au bien commun se nomme justice légale* ».

L'objet direct de la justice, est cette forme spéciale du bien d'autrui qui est son dû ; cette vertu, à la différence de la charité, n'implique ni complaisance amoureuse ni bienveillance de la volonté en face de son objet, mais simplement une élection volontaire conforme à la raison ; c'est un principe d'élection conforme au droit en matière d'actes extérieurs.

Or l'ordre accorde à tous les indigents quelque droit sur toutes les richesses « *debentur ex naturali jure* ». Le propriétaire doit assurer, grâce à la justice sociale, la rectitude de l'ordre, cet équilibre extérieur dans les échanges, la « communication » de ses biens.

Pour comprendre cette conclusion, il faut se souvenir que c'est précisément par l'intermédiaire de l'objet que les personnes humaines entretiennent entre elles des rapports de droit. Là où l'objet fait défaut, il ne peut y avoir que des relations d'amitié qui aboutissent à l'union et à l'amitié. Dans la relation de droit, au contraire, les personnes en présence ne sont pas directement liées les unes aux autres, mais l'objet intercalé entre elles, établit non seulement un équilibre entre ces personnes, mais un état de choses, un état social proprement dit[60].

La justice consistera à rendre aux ayant-droit l'objet qui leur est dû, car telle est sa matière : « *exteriores actiones et exteriores res, quibus sibi invicem homines communicant* ». « *Dire que règne le droit, c'est dire que les personnes sont des éléments d'une situation objective, parce que les individus sont eux-mêmes fixés à une réalité extérieure à eux, l'objet. Ils sont tenus par lui. Lui seul détermine leurs relations, et c'est*

---

[60] J. TH. DELOS, *Analyse de la notion de droit.* Appendice II dans *La Justice,* traduction par M. S. GILLET, p. 234

par rapport à lui que s'établit leur équilibre ». « *Per (*res...*)* attenditur *ordinatio* unius hominis ad alterum ».

Le propriétaire du superflu étant en possession de biens dont il doit ordonner l'usage au bien commun de la société, la justice générale aura pour objet l'acquittement de ce devoir social, sa matière sera l'usage lui-même des biens, l'exercice de la fonction sociale, à savoir ces actes adaptés, proportionnés aux exigences objectives des biens qu'il possède : l'utilité des indigents.

À la différence des autres vertus morales dont le juste milieu s'apprécie par rapport au sujet vertueux lui-même, le *medium* de la justice est extérieur au sujet. Étant donné que « *la matière de cette vertu est une opération extérieure qui par elle-même ou par la réalité dont elle use, implique une proportion avec autrui ; c'est dans l'égalité de proportion de cette réalité extérieure avec autrui que consistera le juste milieu de la justice* ». Cette égalité de proportion est précisée par la destination sociale des biens ; celle-ci fixe l'obligation du propriétaire et lui fournit aussi la règle de sa conduite personnelle. Indigents et propriétaires sont mis en rapport du fait de ces biens appropriés mais destinés à l'usage social, la justice veut que l'équilibre, la proportion soit établie entre les uns et les autres *par rapport à ces biens.*

N'est-ce pas le sens de cette justification de la propriété insérée par S. Thomas dans un traité sur le vol ? Est-il permis ou non de voler ? Non, parce que l'appropriation est légitime. Le riche est maître de la dispensation de ses biens, on ne peut les lui ravir sans violer son droit de gestion et la justice commutative. Toutefois l'appropriation exclusive de l'usage est illégitime. Refuser de communiquer aux pauvres un superflu destiné à tous, ce serait violer la justice sociale, puisque le juste milieu, la proportion d'égalité des biens et des personnes n'est plus observé. Il ne s'agit pas de satisfaire aux droits particuliers d'autres individus, considérés isolément comme ce serait le cas dans une nécessité extrême d'un indigent, mais d'ordonner l'usage des richesses à tous les membres de la société considérés comme tels : « *Celui qui est asservi (servit) à quelque communauté, est asservi (servit) à tous les hommes qui font partie de cette communauté* ».

On voit dès lors ce que la justice sociale ajoute à la libéralité. Celle-ci, « *tout en donnant du sien, ne le fait qu'en considération de son propre bien ; la justice au contraire donne aux autres ce qui leur est dû, le considérant comme un bien commun. En outre, la justice concerne tous les hommes, alors que la libéralité ne peut s'étendre à tous. Enfin la libéralité, qui donne du sien, a son fondement dans la justice qui garantit à chacun son dû* ».

Nous retrouvons bien dans cette doctrine l'enseignement des Pères ; S. Thomas cite expressément S. Ambroise en faveur de l'obligation de droit naturel de donner son superflu aux pauvres, et plus explicitement encore sur ce texte de S. Basile : « *C'est le pain des affamés que tu gardes, c'est le vêtement de ceux qui sont nus que tu détiens ; c'est l'argent de l'indigent que tu possèdes. Autant de choses tu pourrais donner, autant d'injustices faites au prochain* » il commente : « *S. Basile parle du cas où il s'agit d'une dette de justice légale, où quelqu'un est obligé de donner aux pauvres, soit parce qu'ils sont dans une extrême nécessité, soit parce que ses richesses dépassent ses propres besoins* ».

On peut encore citer S. Grégoire : « *La terre est commune à tous les hommes et c'est pourquoi elle produit de quoi vivre pour tous communément ; c'est donc en vain qu'ils se croient innocents ceux qui accaparent le don de Dieu. En ne donnant pas ce qu'ils ont reçu, ils s'engraissent de la mort de leur prochain, car ils commettent presque chaque jour autant de meurtres que meurent des pauvres dont ils gardent pour eux les secours. Quand, en effet, nous distribuons le nécessaire aux indigents, nous leur rendons ce qui est à eux, nous ne leur faisons pas largesse de ce qui est à nous. Nous nous acquittons d'un devoir de justice, plutôt que nous n'accomplissons une œuvre de miséricorde... car il est juste, à coup sûr, que de ce qui est donné par le Dieu commun, ceux qui l'ont reçu fassent un usage commun* »[61].

La dette légale rigoureuse s'oppose à la dette morale exigée par la simple honnêteté ; la première relève de la vertu cardinale, la seconde des vertus potentielles de justice.

Au *De Malo, qu. 13, art. I,* on remarque que les possessions d'argent sont la matière de la libéralité qui règle les passions se l'âme, ou de la justice en tant que celle-ci établit un juste milieu entre l'excès et le défaut (*inter superfluum et diminutum ; sol. 4).* Or d'après Aristote et S. Jean Chrysostome l'avarice s'oppose proprement à la justice. La quatrième objection reprend cette opinion et l'applique au texte de S. Basile : « *L'avarice s'oppose à la justice. Elle réserve, en effet, des biens que l'on pourrait céder à l'usage du prochain. S. Basile s'exprime ainsi : C'est le pain des affamés que tu gardes, c'est le vêtement de ceux qui sont nus que tu détiens...* » S. Thomas répond : « *Cette objection envisage l'avarice comme opposée à la justice... S. Basile parle du cas où quelqu'un est tenu de donner ses biens aux pauvres par exemple lorsqu'il a du superflu. C'est de plus un péché contre la piété* ».

Cajetan explique que même en dehors du cas d'extrême nécessité, si le riche ne veut pas distribuer son superflu, le juge peut le distribuer d'office aux indigents, *ut justitia in divitiis servetur,* en enlevant en quelque sorte au riche la dispensation des biens confiée à un indigne. « *D'après la doctrine des Saints, en effet, les richesses superflues ne sont concédées par Dieu au riche que comme à un dispensateur afin qu'il ait le mérite d'une bonne distribution. La dette légale est fondée*

---

[61] *Pastoral.* III, 21 ; P. L., t. I. XXVII, col.87.

dans ce cas sur la justice même des richesses. Comme elles sont des biens utiles, le superflu conservé et non dépensé est retenu à l'encontre de cette utilité des biens et du dispensateur lui-même... Voilà pourquoi on commet une injustice envers les indigents en ne leur dispensant pas le superflu ; et c'est cette injustice que le prince, gardien de la justice, peut et doit supprimer dès qu'il la constate avec évidence ».

C'est la solution adoptée par le P. Schwalm[62] : « *Le communisme partiel, dans l'usage, est de droit positif divin ; puisque S. Paul le recommande expressément aux riches, en écrivant ses instructions à Timothée. De plus il est de droit naturel, c'est-à-dire exigé immédiatement par l'essentielle destination des biens de la terre à subvenir aux besoins des hommes, et par l'état de vacance quant à l'emploi, où se trouve de soi le superflu du riche. En tant que maître de ses biens, le riche doit procéder par lui-même à ce partage dont il a la charge, de son foyer et de son rang. Ce communisme de jouissance n'est pas une véritable restitution : c'est une dette de "justice légale", c'est-à-dire de justice envers la société* ».

Cette justice a une telle amplitude qu'elle pourra ordonner à son objet, le service du bien commun, les actes des autres vertus, même l'aumône. (cf. A. GARDEIL, O.P. *Revue Thomiste, 1897.* P. 281 ; C'est là une doctrine commune au Moyen Âge. Il arrivera, par suite, qu'en accomplissant des œuvres de charité même surérogatoires, le riche pourra acquitter, par surcroît, sa dette de justice sociale.

« *Tout individu vivant en société constitue pour ainsi dire une partie ou un membre de cette société. Quiconque par conséquent fait du bien ou du mal à l'un de ses membres en fait par contre-coup à la société tout entière, comme celui qui blesse la main, blesse l'homme du même coup* ».

---

[62] P. Schwalm.

Enfin il est clair que l'amour de charité facilitera et garantira singulièrement l'exercice de la fonction sociale de la propriété.

En définitive, la propriété ne sera bonne que si elle est servie dans l'accomplissement de ses devoirs par des vertus éminentes et nombreuses. Ce sera toujours une tâche ardue et souvent ingrate pour le riche que d'être fidèle à son rôle de dispensateur. Il y faut des sentiments rectifiés, vertueux. Les Pères réunissaient sous le terme d'aumône la somme de ses obligations ; la théologie postérieure, surtout sous l'influence de S. Thomas et de Cajétan, tend à dissocier l'application de la loi de charité dans la possession des richesses, et les devoirs du propriétaire comme tel. Les modernes s'accordent à reconnaître à la propriété une fonction sociale, mais beaucoup, encore héritiers de l'unique vocable qui recouvre toute bienfaisance, font de cette fonction une obligation de charité. La législation sociale aidant, le devoir de l'usage commun qui s'impose à tout propriétaire ne cesse de s'adapter, à défaut de s'imposer, au nom de la justice sociale.

**La législation positive.*

On complétera ces brèves remarques par celles du P. HUGUENY. O. P., *L'État et l'individu,* dans *Mélanges Thomistes,* 1923. pp. 341-360 ; et du P. LAVERSIN. O. P., *Droit naturel et Droit positif,* dans *Revue Thomiste,* 1933. pp. 200-216.

/. Les intérêts engagés dans l'exercice du droit de propriété sont si complexes et parfois si opposés ; de telles conséquences résultent du bon ou du mauvais usage des biens possédés, que cet usage ne saurait être laissé à la seule initiative et à la sagesse individuelle des propriétaires. Si ces derniers doivent garder leur autonomie et servir de façon diverse la société dont ils sont membres, une autorité supérieure doit régler toutes ces activités au service du bien commun et préciser leur collaboration respective : *« De nombreux individus ne peuvent vivre en société, s'il n'y a pas un chef de groupe chargé de pourvoir au bien commun. De soi le nombre engendre la multiplication des tendances, chaque individu ayant son intention propre. C'est au chef d'unifier tous les vouloirs : multi per se intendunt ad multa, unus vera ad unum* ». (S. Thomas I a P, qu 96, art4 ; I a II ae, qu. 105, art.2).

De là, les droits et les devoirs qui reviennent à l'État vis-à-vis de la propriété. Il doit, par une législation appropriée, en assurer un usage aussi rationnel que possible en vue du bien commun qu'il a, au premier chef, mission de servir. S. Thomas définit, ainsi, la loi : « *Un ordre imposé par la raison, en vue du bien commun, promulgué par celui qui a soin de la communauté* ».

De fait, S. Thomas demande (II Polit., 4) : « Comment l'usage des biens appropriés pourra-t-il devenir commun ? – *Cela relève de la prudence d'un bon législateur » et encore ; « la propriété est la meilleure organisation des richesses si elle est réglée par des bonnes mœurs et de justes lois ».*

Puisque le bien commun est un jeu, une législation sur la propriété est requise, qui a à préciser quels biens peuvent être appropriés, quelles personnes sont capables de ce droit, quelles garanties de perpétuité, d'inviolabilité, d'hérédité leur sont accordées, la forme même de la propriété, quelles charges lui incombent, comment assurer une équitable répartition des richesses, éviter les abus, par exemple protéger autant que faire se peut les petits épargnants contre l'accaparement et l'oppression des grands. C'est notamment la circulation des richesses qui devrait être l'objet d'un contrôle de l'autorité publique. Grâce, en effet, au travail et au salaire, à l'achat et à la vente, aux prêts et au crédit, elle réalise comme une distribution renouvelée du patrimoine commun des biens de la terre. Ainsi, par les déterminations de la loi positive, se trouvera précisé, dans une certaine mesure, sous quelle forme cette surabondance, indéterminée dans le droit naturel, doit subvenir à la sustentation des pauvres. Toute cette législation sera variable selon les conditions humaines elles-mêmes changeantes, mais elle aura toujours en vue de faire régner la justice et d'obtenir, par la contribution spontanée ou contrainte de tous, le respect et le maintien de la paix, de l'ordre, de la propriété sociale. Le Prince, dit S. Thomas, doit « *corriger ce qui peut être mal réglé, suppléer à ce qui peut faire défaut, perfectionner ce qui est susceptible d'aller mieux* » (De Reg. Princ., I, 15).

Si l'État peut avoir, au service du bien commun, des initiatives et une puissance de réalisation dont les particuliers, pris isolément, sont incapables, sa fonction sera surtout de susciter, de stimuler et de favoriser les bons efforts des citoyens vertueux.

C'est d'eux seuls que relève la dispensation des biens « *committatur arbitrio uniuscujusque* », selon des modes, une mesure et des règles fixées sans doute en partie par l'État, mais celui-ci devra se garder de tout abus ; son pouvoir s'étend directement sur l'usage des biens, indirectement seulement sur leur administration. Une législation tyrannique ou tracassière décourageait les initiatives privées et pourrait tourner à l'injustice, léser le droit de gestion du propriétaire. Une telle intervention serait pernicieuse.

Le De Malo expose admirablement ce point de vue ; « *Le gouvernement humain dérive du gouvernement de Dieu et doit l'imiter. Or Dieu, bien qu'il soit tout-puissant et souverainement bon, laisse cependant arriver dans l'univers des maux qu'il pourrait empêcher, de peur qu'en les supprimant, il ne supprime de plus grands biens ou que des maux pires encore ne viennent à se produire. Ainsi, dans le gouvernement des hommes, il faut que ceux qui sont au pouvoir tolèrent certains maux pour ne pas empêcher certains biens, ou ne pas donner lieu à des maux pires. Comme le dit*

S. Augustin : Enlevez les courtisanes du milieu des hommes, et les passions vont tout troubler ». Il est cependant à remarquer que les peuples se sont toujours efforcés de faire produire des effets de droit à l'exercice de ces vertus qui relèvent de la justice, comme la piété, la gratitude, le respect, la bonne foi etc. De tels sentiments, en effet, commandent les rapports des hommes entre eux, et sont la mesure instinctive du droit envers des parents, un bienfaiteur, les autres hommes etc. La loi peut affermir, sanctionner ou rétablir cette égalité de proportion qui fixe à chacun ce qu'il doit et ce qui lui est dû, « cuique suum ». Le formalisme juridique ne fait que consacrer ces « *mœurs* », étendre à la société la portée des qualités morales de si haute importance pour l'application de la justice et particulièrement indispensables dans l'ordre économique.

S. Thomas ne s'illusionne pas sur la puissance de séduction du bien commun sur les volontés individuelles. Il est impossible, pense-t-il, que tous les citoyens soient vertueux (Polit., III, 3). L'État devra, le cas échéant, contraindre les avares opulents à l'accomplissement de leurs devoirs sociaux. Les sanctions de l'autorité civile seront souvent les seules suppléantes efficaces des vertus défaillantes : « *Ceux qui ne sont pas bien disposés par eux-mêmes à faire spontanément ce que la loi ordonne, doivent être poussés par la contrainte à accomplir la justice de la loi ; ce n'est plus alors libéralement, mais servilement, qu'ils obéiront à la loi, par crainte des châtiments* ».

S. Thomas, suivant Aristote (II Polit., 6 et 9), fait appel à l'expérience économique pour justifier cette législation sociale : Plusieurs cités ont été ruinées par l'individualisme en matière de possession. L'État doit apporter un remède à ces désordres. De fait, depuis le code d'Hammourabi, en passant par la Loi des XII Tables, les Papes, Clément IV, Sixte IV, Jules II, Clément VII etc, tous les gouvernements ont imposé aux propriétaires certaines obligations, les unes dans l'intérêt du voisin, les autres dans un intérêt public ou religieux. Qu'il s'agisse de réparer un édifice menaçant ruine, de laisser l'usage d'un cours d'eau disponible, de limiter le défrichement d'une forêt, et surtout de l'exploitation d'une mine ou d'une terre en friche, tous les codes ont pris des mesures à l'égard du propriétaire négligent.

C'est que le bien de la multitude est plus grand que le bien d'un seul de ses membres et l'État, gardien du droit, doit, par son office même contrôler la contribution des individus au bien commun de la société, ajuster les rapports des citoyens entre eux, afin que finalement chacun jouisse des conditions suffisantes de bien-être matériel et moral auxquelles la justice lui donne droit. Ainsi la société politique parvient-elle à son but qui est la vie heureuse et vertueuse de ses membres. La constitution parfaite est celle qui favorise, par ses dispositions, l'exercice de la vertu et la jouissance du bonheur par tout citoyen Dès lors l'Etat est heureux s'il se compose de gens heureux (ARISTOTE, *Polit.*, IV, 2, 7).

Mais « *c'est à la vie bienheureuse du ciel, objet de notre espérance, qu'est ordonnée comme à sa fin la vie menée ici-bas par les hommes ; pareillement c'est au bien de la multitude que sont ordonnés, comme à leur fin, tous les biens particuliers que l'homme travaille à acquérir : fortune, bénéfices, santé, éloquence ou science... Le roi doit être à la tête de toutes les fonctions humaines et organiser la bonne vie de la multitude de la manière qui soit convenable à l'obtention de la béatitude du ciel, c'est dire qu'il doit prescrire ce qui y conduit, et, dans la mesure du possible, interdire ce qui y est contraire* » (De Reg. Princ., I, 15, passim).

C'est jusque - là que s'étendent les perspectives de S. Thomas, théologien, sur la propriété et l'usage des richesses, dont il écrivait, en son traité de la Béatitude : On en connaît mieux l'insuffisance à mesure qu'on les possède. C'est bien sous cette lumière spécifiquement chrétienne que finalement doit être jugée l'économie des richesses. Les biens matériels sont nécessaires pour vivre ; il en faut une certaine abondance pour bien vivre, mais on ne saurait mettre en eux sa fin dernière. Les richesses ne sont bonnes, qu'en tant qu'elles favorisent l'exercice de la vertu ; leur valeur dépend en définitive de leur usage.

Si on tient compte de ce rôle majeur de la propriété dans la vie matérielle et morale de l'homme et de la société tout entière, et si l'on se rappelle que la loi a pour objet de rendre les hommes bons, on comprend la vérité de ce mot de Faure : « *Une bonne législation sur les propriétés est le plus beau titre de gloire pour l'Etat qui la possède* ». (Rapport au tribunal sur la loi relative à la propriété. *Séance du 30 Nivôse an 12).*

Mais si nécessaire que soit cette intervention de l'État, elle reste insuffisante et secondaire par rapport aux vertus morales que chaque propriétaire doit cultiver : *Quid leges sine moribus ? (*HORACE. *Odes.* Liv. 3. Od. 24. V. 35 ; liv. 4. Od.5. v. 22).

La propriété foncière au XIIIe siècle.

Après le constat de l'état de la propriété industrielle et commerciale au XIIIe siècle, il nous paraît opportun de préciser la situation économique et juridique de la propriété foncière à cette même époque, où l'on voit le droit positif évoluer sous la poussée des mœurs individuelles et des coutumes sociales.

– *Le régime féodal* se caractérisait par la possession du foncier par la classe militaire la noblesse et ecclésiastique. La majeure partie des revenus du travail constituait la richesse par la terre et ses produits.

Les seigneurs ecclésiastiques et laïcs, propriétaires des terres communes, défrichèrent, et concédèrent l'usage, moyennant redevance à la communauté roturière ou serve.

À mesure que l'on se rapproche du XIIIe siècle, le développement du régime féodal réalise une véritable centralisation des grands fiefs. Les seigneurs accroissent leurs domaines par des mariages, par des achats et aussi par la guerre contre leurs vassaux indociles ou en rattachant à leur hommage immédiat des possesseurs de fiefs séparés d'eux par des hommages intermédiaires.

Le seigneur garde la propriété éminente de la terre, le vilain franc, qui exploite sa tenure, en vertu d'un bail, jouit du bénéfice d'un contrat d'association. Certains baux confèrent à l'exploitant la propriété presque plénière comme la locatairie perpétuelle de Provence. D'autres lui assurent l'usufruit perpétuel (baux à cens seigneuriaux). Il est parfois stipulé que le paysan aura la propriété d'une partie de la terre qu'il aura exploitée, n'étant obligé qu'au paiement d'une rente perpétuelle. Enfin certaines tenures comme le *champart* ou l'*hostise* sont assez proches du système de métayage, l'exploitant devant assurer au propriétaire un revenu variable ou une part des produits annuels de l'exploitation.

Les paysans libres qui cultivent ces terres ne sont pas propriétaires à proprement parler, mais sont des usufruitiers perpétuels pour la plupart, « *ils ont, suivant la terminologie médiévale, la propriété utile, à défaut de la pleine propriété ou directe* ». Ils peuvent cependant transmettre leur tenure à leurs enfants par héritage ; ils sont libres de la diviser et de l'exploiter à leur gré ; ils peuvent aussi, obtenir la permission de la vendre ou de l'échanger. Leurs redevances consistent surtout en produits du sol que le propriétaire doit faire enlever par ses propres moyens, « *les charges accessoires en argent sont peu élevées. Une fois les rentes en numéraire (cens, oublies) et en nature (champarts, agriers, terrages) acquittées, le paysan est le légitime possesseur du reste de ses revenus* ».

Le paysan peut, avoir la possession d'un capital mobilier, argent, bétail, produits de son travail du sol mis en réserve. Il profite ainsi directement du produit de son travail puisqu'il consomme ou qu'il garde lui-même toute la part qui reste une fois que ses redevances ou ses charges ont été acquittées. Cette forme de possession est un acheminement vers une conception de la propriété paysanne qui apparaîtra un peu plus tard.

L'économie agricole reste très fruste, l'outillage est imparfait, les capitaux inexistants ; aucun principe d'agronomie scientifique n'améliore les rendements, mais le paysan a un travail assuré avec une quasi-certitude, puisqu'il peut toujours obtenir un terrain, à titre de concession franche ou servile. Il participe ainsi, grâce à son travail, au revenu du capital foncier.

– Le XIIIe siècle voit l'émancipation des populations agricoles, consécutive aux travaux de défense contre les eaux, de dessèchement, d'irrigation et de défrichement : *« La terre inculte fut labourée ou irriguée et nul n'eût reconnu dans le pays couvert de cultures, de vignobles et de plantations de la fin du XIIIe siècle le territoire boisé et à demi-désert de la fin du Xe »*. Dès lors la production naturelle prend un essor prodigieux. La pêche, la sylviculture, l'élevage se développent considérablement. Les méthodes de culture se perfectionnent et l'on aboutit à une prospérité sans précédent, qui amena des transformations profondes dans la répartition et la valeur de la propriété foncière.

L'activité des échanges et la production industrielle qui donnèrent naissance à un ordre économique nouveau eurent aussi leur répercussion sur la condition des classes agricoles. Les villes dépendent de la campagne pour leur alimentation, mais lui fournissent en retour un marché permanent. L'agriculture doit se faire plus intensive dès là qu'elle ne se limite pas à la consommation du seigneur et de ses tenanciers, mais doit pourvoir au ravitaillement des agglomérations urbaines.

Aussi voit-on s'accroître la valeur du sol et du revenu foncier. Tel domaine du Roussillon qui valait 100 sous au XIe siècle, en valait 3000 au XIIIe siècle. Le prix de l'hectare labourable, déjà accru au XIIe siècle en France, doubla au XIIIe.

Les petits propriétaires et les cultivateurs bénéficièrent de cet accroissement de capital et de revenu. La propriété collective et la propriété seigneuriale se démembrèrent au profit de la bourgeoisie et des paysans. « *On vit en Italie des domaines féodaux morcelés, entre sept, dix, quelquefois cent copartageants... En Normandie par exemple, dès le XIIe siècle, les terres nobles disparurent, submergées sous les accensements, qui les transférèrent pratiquement aux paysans. Il arriva même, partout où la bourgeoisie urbaine l'emporta, qu'elle fit une guerre à mort aux féodaux et leur spolia de leurs biens. Les paysans, de leur côté, multipliaient les tentatives d'usurpation et profitaient de la disparition fréquente de titres écrits, pour légitimer leur mainmise sur la propriété seigneuriale* ».

Cette propriété foncière est une telle source de richesse que les communes urbaines et les bourgeois aspirent à devenir propriétaires fonciers ; ils emploient leurs capitaux, acquis dans le commerce et l'industrie, à l'achat de propriétés aliénées par la noblesse, ou de terres incultes qu'ils font défricher « *Dès lors commence la lente translation du sol rural entre les mains de la classe moyenne. Pour la première fois enfin, les masses rurales profitent du mouvement de colonisation et d'émancipation, pour conquérir à leur tour la propriété ou la quasi-propriété de ce capital foncier, qu'elles avaient dû jusque-là se borner à faire fructifier pour autrui par leur travail* ».

Ainsi les classes agricoles accèdent à la liberté ; on reconnaît la valeur sociale de leur travail, et ce qui subsiste de la servitude primitive se borne à des prestations de nature surtout pécuniaire.

La loi ou les coutumes protègent cette liberté civile du paysan qui jouit désormais d'une personnalité juridique, et peut disposer de lui-même, léguer ses biens, meubles et immeubles, se marier librement etc...

La loi protège encore la propriété des paysans émancipés, abolit les charges injustifiées, interdit que l'on saisisse leur outillage, leur bétail, leur récolte, leur mobilier ; accorde des franchises commerciales, la liberté du trafic dans les foires et les marchés.

C'est ainsi qu'à l'époque de S. Thomas se forme un tiers-état rural, qui constitue une véritable bourgeoisie au sommet des classes paysannes, et qui jouit d'une propriété pleine et entière. « *À cette classe, appartiennent en Allemagne les petits propriétaires libres que l'on nomme les paysans fieffés ou possesseurs de fiefs (lehnbauern), ceux qui sont exempts de cens, nombreux dans les régions du Sud, les défricheurs devenus propriétaires à titre héréditaire (erbpachter)* ». En Espagne, spécialement en Roussillon, il y eut au XIIIe siècle plus de propriétaires paysans qu'il n'y en existe depuis. En Angleterre ils jouissent de semblables privilèges.

Si la masse des paysans, cultivateurs qui forme la classe des tenanciers censitaires n'accède pas à la propriété complète, ils acquièrent les prérogatives de la propriété réelle et deviennent ainsi quasi-propriétaires des fonds qu'ils cultivent. Ils ont d'ailleurs des droits essentiels de propriété, comme ceux de succession, de donation, de vente, d'aliénation.

Cette propriété paysanne se compose de domaines de faible étendue, mais qui fournissent à leur possesseur l'aisance, voire même la fortune. On sait combien fut notable l'accroissement du bien-être des classes rurales à cette époque. « *On a pu prétendre que les censitaires, c'est-à-dire la masse des cultivateurs de France, arrivèrent à percevoir à leur profit exclusif les deux tiers de la rente foncière* ».

Il faut se rappeler que l'un des éléments principaux de la pacifique révolution économique de cette époque est le développement exceptionnel du capital mobilier et la formation de la bourgeoisie composée de petits propriétaires, de gens de négoce ou de métiers. Les marchands deviennent plus puissants que les grands propriétaires terriens. Or la propriété bourgeoise prend à certains égards une valeur supérieure à celle de la propriété féodale, laquelle est soumise à une foule de restrictions ; le bourgeois dispose de sa propriété comme de sa personne peut « *acquérir, posséder, aliéner, échanger, vendre, tester léguer ses biens meubles et immeubles, sans être assujetti au contrôle seigneurial. Ses possessions foncières peuvent être transmises, grevées de rentes et d'hypothèques, concédées, en gage, mobilisées en un mot aisément, de manière à lui facilité toutes les opérations de commerce* ».

On comprend mieux alors l'actualité de la question de l'appropriation traitée par S. Thomas en un temps où l'accession à la propriété se généralise avec une rapidité unique dans l'histoire et où la richesse se développe dans des proportions considérables. La merveille est que S. Thomas n'ait pas cru devoir changer les principes d'Aristote et qu'il ait précisé et rappelé avec une telle fermeté et une telle mesure la doctrine de l'Evangile et des Pères sur la légitimité de la propriété et ses obligations sociales.

Épilogue

La fatalité n'est pas dans nos propos, la situation de la crise actuelle n'est pas une fatalité, tant que nous n'aurons pas renoncer à la volonté de faire ensemble bloc contre les défis qui nous sont imposés. C'est un « sursaut » dans une conscience nationale avec les vertus de foi et d'espérance qui relancera notre pays. Le contexte y est favorable. S.Thomas, dans la *Somme théologique* nous enseigne la *pragmatique* issue de l'expérience et de la raison conduisant à l'intelligence du Plan de Dieu voulu par Dieu pour nous et les sociétés. Dans nos propos qui seront jugés par le lecteur, avons-nous suffisamment respecté la recommandation de S. Thomas, *Prologue de son Opuscule Contre les erreurs des Grecs : « Un bon traducteur doit, tout en gardant le sens des vérités qu'il traduit, adapter son style au génie de la langue dans laquelle il s'exprime. »*

Sources et bibliographie

Ouvrages Généraux

P. Boissonnade. *Le Travail dans l'Europe chrétienne au Moyen Âge (Ve -XVe siècles).* Paris, Alcan 1930.

M. DEFOURNY. *Aristote, Etudes sur la « Politique ».* Paris, Beauchesne, 1932.

P. JANET. *Histoire de la science politique dans ses rapports avec la morale.* T. I, II, Paris, Alcan, 1903.

M. A. JANVIER, O. P. *Exposition de la morale catholique. VIII. La justice et le Droit.* (Carême 1918). Paris, Lethielleux.

A. LEMONNYER, O. P. ; J. TONNEAU, O. P. ; R. TROUDE. *Précis de Sociologie.* Marseille, Publiroc, 1934.

M. -B. SCHWALM, O. P. *Leçons de Philosophie sociale.* T. I, II, Paris, Bloud, 1910, 1911.

Le Commerce

V. BRANTS. *Esquisse des Théories économiques professées par les écrivains des XIIIe et XIVe siècles.* Louvain, Ch. Peeters ; Paris, V. Lecoffre, 1895.

C. SPICQ, O. P. *La moralité du commerce. Les leçons d'une crise au XIIIe siècle,* dans *Vie intellectuelle* T. XXVII, 1934, pp. 460-482.

Propriété

Ch. CALIPPE. *La destination et l'usage des biens naturels d'après S. Thomas d'Aquin,* dans *Annales de Philosophie chrétienne.* T. CLV, 1907, pp. 141-167 ; cf. *Semaine sociale de France,* IVe Session, Amiens, 1907, pp. 73-95.

Ch. CALIPPE. *Le caractère social de la Propriété d'après la tradition judéo chrétienne,* dans : *Semaine sociale de France,* VIe Session, Bordeaux, 1909, pp. 99 et suiv.

S. DEPLOIGE. *La Théorie thomiste de la Propriété, dans : Revue Néo-Scholastique,* T. II, 1895, pp. 61-82 ; 173-175 ; 286-301.

P. GOREUX, S. J. *L'Aumône et le Régime des Biens. I. La doctrine de S. Thomas d'Aquin. – II. L'interprétation de S. Thomas d'Aquin dans la tradition,* dans : *Nouvelle Revue Théologique.* T. LIX, 1932, pp. 117-131 ; 240-254.

J. HENRY. *Thomisme et Propriété privée,* dans *Collectanea Mechliniensia.* T. XVIII, 1929, pp. 541-554.

J. PEREZ GARCIA, O. P. *De Principii functionis socialis proprietatis privatae apud div. Thomam Aquinatem.* Avila, 1924.

M.- B. SCHWALM, O. P. *La Propriété d'après la Philosophie de S. Thomas,* dans : *Revue Thomiste,* 1895, pp. 281-307 ; 634-660.

C. SPICQ. O. P. *L'Aumône, obligation de justice ou de charité ?* dans : *Mélanges Mandonnet.* I, Paris, Vrin, 1930, pp. 245-264.

J. TONNEAU, O. P. *Propriété,* dans : *Dictionnaire de Théologie Catholique.*

Quel est l'enseignement de S. Thomas sur le droit de propriété, dans : *Ami du Clergé,* 18 Octobre 1928, pp. 721-730.

Le Droit de propriété privée est-il fondé sur le Droit naturel ? dans : *Ami du Clergé, 17 septembre 1931, pp. 567-663.*

L'Aumône est-elle due en justice ou en charité ? Dans : *Ami du Clergé, 22 juin 1933, pp.* 391-39

Table des matières

Structures éditoriales du groupe L'Harmattan

L'Harmattan Italie
Via degli Artisti, 15
10124 Torino
harmattan.italia@gmail.com

L'Harmattan Hongrie
Kossuth l. u. 14-16.
1053 Budapest
harmattan@harmattan.hu

L'Harmattan Sénégal
10 VDN en face Mermoz
BP 45034 Dakar-Fann
senharmattan@gmail.com

L'Harmattan Cameroun
TSINGA/FECAFOOT
BP 11486 Yaoundé
inkoukam@gmail.com

L'Harmattan Burkina Faso
Achille Somé – tengnule@hotmail.fr

L'Harmattan Guinée
Almamya, rue KA 028 OKB Agency
BP 3470 Conakry
harmattanguinee@yahoo.fr

L'Harmattan RDC
185, avenue Nyangwe
Commune de Lingwala – Kinshasa
matangilamusadila@yahoo.fr

L'Harmattan Congo
67, boulevard Denis-Sassou-N'Guesso
BP 2874 Brazzaville
harmattan.congo@yahoo.fr

L'Harmattan Mali
Sirakoro-Meguetana V31
Bamako
syllaka@yahoo.fr

L'Harmattan Togo
Djidjole – Lomé
Maison Amela
face EPP BATOME
ddamela@aol.com

L'Harmattan Côte d'Ivoire
Résidence Karl – Cité des Arts
Abidjan-Cocody
03 BP 1588 Abidjan
espace_harmattan.ci@hotmail.fr

L'Harmattan Algérie
22, rue Moulay-Mohamed
31000 Oran
info2@harmattan-algerie.com

L'Harmattan Maroc
5, rue Ferrane-Kouicha, Talaâ-Elkbira
Chrableyine, Fès-Médine
30000 Fès
harmattan.maroc@gmail.com

Nos librairies en France

Librairie internationale
16, rue des Écoles – 75005 Paris
librairie.internationale@harmattan.fr
01 40 46 79 11
www.librairieharmattan.com

Librairie l'Espace Harmattan
21 bis, rue des Écoles – 75005 Paris
librairie.espace@harmattan.fr
01 43 29 49 42

Lib. sciences humaines & histoire
21, rue des Écoles – 75005 Paris
librairie.sh@harmattan.fr
01 46 34 13 71
www.librairieharmattansh.com

Lib. Méditerranée & Moyen-Orient
7, rue des Carmes – 75005 Paris
librairie.mediterranee@harmattan.fr
01 43 29 71 15

Librairie Le Lucernaire
53, rue Notre-Dame-des-Champs – 75006 Paris
librairie@lucernaire.fr
01 42 22 67 13

www.ingramcontent.com/pod-product-compliance
Lightning Source LLC
LaVergne TN
LVHW010939061026
849535LV00007B/2485
* 9 7 8 2 3 3 6 4 6 2 0 2 8 *